中国经济高质量发展研究丛书

苏春红 等◎著

财智睿读

U0572614

延迟退休年龄的经济效应
与公平可持续养老保险制度研究

Economic Effect of Delaying Retirement
and Sustainable Impartial Old-age Insurance System

中国财经出版传媒集团
经济科学出版社
Economic Science Press

图书在版编目（CIP）数据

延迟退休年龄的经济效应与公平可持续养老保险制度
研究/苏春红等著. -- 北京：经济科学出版社，
2022.7
（中国经济高质量发展研究丛书）
ISBN 978 - 7 - 5218 - 3810 - 7

Ⅰ.①延…　Ⅱ.①苏…　Ⅲ.①养老保险制度 - 研究 -
中国　Ⅳ.①F842.612

中国版本图书馆 CIP 数据核字（2022）第 113908 号

责任编辑：郎　晶
责任校对：杨　海
责任印制：范　艳

延迟退休年龄的经济效应与公平可持续养老保险制度研究

苏春红　等著
经济科学出版社出版、发行　新华书店经销
社址：北京市海淀区阜成路甲 28 号　邮编：100142
总编部电话：010 - 88191217　发行部电话：010 - 88191522
网址：www. esp. com. cn
电子邮箱：esp@ esp. com. cn
天猫网店：经济科学出版社旗舰店
网址：http://jjkxcbs. tmall. com
北京季蜂印刷有限公司印装
710×1000　16 开　12 印张　222000 字
2022 年 10 月第 1 版　2022 年 10 月第 1 次印刷
ISBN 978 - 7 - 5218 - 3810 - 7　定价：50.00 元
（图书出现印装问题，本社负责调换。电话：010 - 88191510）
（版权所有　侵权必究　打击盗版　举报热线：010 - 88191661
QQ：2242791300　营销中心电话：010 - 88191537
电子邮箱：dbts@ esp. com. cn）

前　言

2021 年全国第七次人口普查数据显示，2020 年我国 60 岁及以上老年人口达 2.64 亿人，占人口总数的 18.7%，65 岁及以上老年人口达 1.91 亿人，占比 13.5%，老年人口规模和占比持续快速上升，人口老龄化速度加快。人口老龄化是社会经济发展的必然结果，也是今后较长时期我国的基本国情。在人口老龄化趋势下，如何实现"老有所养"是一个全球性的养老保险可持续发展的改革议题。作为老龄化经济效应的媒介影响因素，在经济全球化、人口老龄化加速发展的背景下的养老保险制度改革成为影响我国经济社会发展的重要因素。人口老龄化导致老年赡养比提高，劳动年龄人口供给减少，科技创新能力减弱，经济增速放缓。与此同时，养老金支出规模持续扩大并呈现超收入增速的增长趋势，养老金缺口扩大导致养老金可持续风险和政府财政风险加剧。

然而，随着居民受教育程度的提高和劳动年龄人口下降等因素的影响，养老保险参保规模和缴费收入也面临压力。在我国退休年龄偏低的现实背景下，延迟退休年龄成为减轻财政负担、实现养老保险制度可持续发展的重要改革步骤。早在 2005 年，当时的劳动和社会保障部就进行过延迟退休年龄的研究；2012 年，《社会保障"十二五"规划纲要》第二次提出研究弹性推迟领取养老金政策；2013 年，《中共中央关于全面深化改革若干重大问题的决定》提出，研究制定渐进式延迟退休年龄政策；2021 年公布的《中华人民共和国国民经济和社会发展第十四个五年规划和 2035 年远景目标纲要》明确提出，按照小步调整、弹性实施、分类推进、统筹兼顾等原则，逐步延迟法定退休年龄。然而，时至今日，延迟退休的实施方案仍未公布，其中一个重要的考量是延迟退休与就业的关系需要慎重权衡。充分就业是影响养老保险可持续发展的关键因素之一，如果延迟退休导致年轻劳动者失业率上升，那么失业保险支出负担加重或造成社会问题，延迟退休政策落实将十分困难，因此，延迟退休的时机和方案选择非常重要。

需要注意的是，延迟退休年龄还需要考虑退休对健康的影响，在面向人民生命健康发展理念的指引下，延迟退休年龄的健康效应也是政府制定延迟退休年龄政策不可忽视的因素。此外，延迟退休年龄改革仅是养老保险制度顶层设计的一个维度，养老保险制度改革是一个系统、统筹谋划的过程，退休年龄的延迟为降低社会保险缴费率、减轻企业负担、激发市场主体活力释放空间，企业利润的提高为就业和缴费收入的增加进一步奠定基础，因此，关于社保缴费对企业绩效和价值的影响的研究可以为完善社保缴费政策和养老保险制度系统改革提供重要参考。然而，在人口老龄化和经济增速放缓的大背景下，延迟退休年龄能否解决养老金收支缺口问题，关于维持养老保险基金的财政可持续能力、延迟退休对就业和职工健康的影响、社保缴费的企业价值效应方面的研究仍没有统一的答案。

基于此，在政府以解决民生与公平收入分配问题为目标，以应对人口老龄化导致的老年赡养比提高、养老金缺口扩大问题为任务的背景下，研究延迟退休的经济效应与公平可持续的养老保险制度具有重要的现实针对性。本书从政府、企业和个人三个维度，对退休年龄延迟的财政可持续性效应和劳动力市场效应、人口老龄化导致的社保缴费变化对企业投资及价值的微观经济效应、退休对个人健康的影响展开理论与实证研究，并根据研究的结论提出多层次养老保险体系顶层设计的政策建议，为政府完善公平可持续的养老保险体系建言献策。

本书的研究内容完成于2015~2018年。近几年来，人口老龄化成为我国的一个越来越突出的社会问题，在经济下行压力持续存在和养老金水平持续提高的环境下，养老金按时足额发放成为政府的重要任务。本书的研究内容与研究结论为制定切实可行的延迟退休年龄方案，重塑养老保险政府、企业和个人的责任，健全多层次养老保险体系提供了经验证据和改革思路。

目录
CONTENTS

第1章

总　　论

1.1　选题背景与研究意义

1.1.1　选题背景

全球性的老龄化对落后的养老金供给形成冲击是一个困扰全世界的重要课题[①]。人口老龄化正在威胁养老保险制度的可持续发展，老龄化的全球化趋势引发了确保退休人员基本生活、避免老年贫困与完善养老保险精算平衡机制、建立多层次养老金体系等问题的广泛而深远的争论——即养老保险制度公平与效率的考量。作为国有企业配套建立的中国社会养老保险制度，虽几经完善，但是面对人口老龄化的快速发展及未富先老的现实，修补式的小调整已经难以适应新的社会变化、新的经济发展形势与新的人口结构特征，养老保险制度的顶层设计迫在眉睫。与国情相适应的且更加公平、可持续的养老保险制度目标需要解决的重要问题包括：（1）养老金支付的财政风险与延迟退休的作用评估；（2）退休的就业和健康效应与就业的影响；（3）社会保障缴费率对企业投资与绩效的影响与延迟退休的作用；（4）健全多层次、广覆盖、保基本、反贫困、可持续的养老保险制度的顶层设计。

人口结构变化导致养老保险基金支出缺口扩大，养老保险财务可持续性降

[①]　佛朗哥·莫迪利亚尼（Franco Modigliani）等著，孙亚南译：《养老金改革反思》，中国人民大学出版社 2010 年版。

低。2021 年全国第七次人口普查数据显示，截至 2020 年底，我国 60 岁以上老年人口达 2.64 亿人，占总人口的比重达到 18.7%，预计到 21 世纪中叶，我国将进入深度老龄化社会，老年人口将达到 4.8 亿人左右，占总人口的比重将达 34.1%。老年人口规模大、老龄化加速发展是我国人口老龄化的显著特征。养老保险基金收支方面，从全国来看，2021 年，我国城镇职工基本养老金保险基金结余 5.26 万亿元，体量巨大，然而基本养老保险基金区域分布失衡严重。根据 2020 年数据，广东、北京、江苏、浙江和四川这 5 个省份的累计结余已占全国总结余的 58.2%，广东的养老保险基金累计结余高达 12338.3 亿元；辽宁、吉林、黑龙江等一些省份的养老金则入不敷出，黑龙江累计赤字高达 368.9 亿元①。而且，人口老龄化导致老年抚养比不断攀升，根据第七次人口普查数据，2020 年我国 60 岁老年人人口抚养比是 29.53%，到 21 世纪中叶，将提高到 66.7%。这意味着参保缴费的工作一代的人数越来越少，领取养老金的退休参保职工的人数越来越多，养老金收支平衡面临挑战，财政补贴逐年上升，财政压力与养老金支付亏空风险不容小视。

人口老龄化的另一个直接影响就是劳动力供给下降。我国劳动人口峰值出现在 2011 年，达到 9.4 亿人，随后呈下降趋势，仅 2012 年，劳动年龄人口就减少了 345 万人，这一趋势还将持续，预计"十四五"期间还将减少 3500 万人，到 2035 年劳动年龄人口将保持在 8 亿人左右，这比 2018 年末的近 9 亿劳动年龄人口减少将近 1 亿人。如果不采取有效措施，我国劳动力缺口将逐渐增大。如何增加劳动力供给成为一个重要课题。延迟退休年龄增加劳动力供给是养老保险制度改革的方向。延迟退休年龄对就业和职工健康的影响同样是政策制定者必须考量的因素。

2012 年以来，我国经济由高速增长转向中高速增长，经济发展进入新常态，企业尤其是中小企业经营出现困难。为应对全球金融危机，2008 年以来，我国持续实行积极的财政政策，并于 2012 年开始了新一轮的减税降费改革浪潮。就社保缴费而言，2015 年以来，我国先后 5 次降低或阶段性降低社会养老保险的缴费费率，以减轻企业的负担。然而，由于社会养老保险制度改革的历史影响，企业背负着较多的历史欠债，在经济下行压力较大的宏观环境下，企业的社会保险缴费成本仍是其沉重负担。2018 年，中共中央办公厅、国务院办公厅印发的《国税地税征管体制改革方案》明确指出，2019 年 1 月 1 日开始，社会保险各项缴费由税务机关统一征收。税费"统征统管"的目的就是提高社会保险基金的征管

---

① 根据《中国统计年鉴 2021》计算得到。

效率。因此，费用由税务机关统一征收后，征管力度必然加强，这将导致企业的用工成本进一步上升，对企业无异于雪上加霜。对于民营企业而言，由于各地政府为实现招商引资、促进就业及增加税收等目标而展开竞争，政府对企业的社保缴费选择宽容的态度，按照社会平均工资 60% 的下限作为缴费基数是较为普遍做法，对企业瞒报职工人数以达到少缴费目的的不规范行为的监督也是形同虚设。因此，以提高征管效率为目标的社保缴费"统征统管"引发企业的生存忧虑。在供给侧结构性改革背景下，降低企业社保缴费率是养老保险制度改革的另一个大趋势，加强征管与降低缴费率是稳定企业缴费负担的组合拳。然而，基本社会养老保险一层独大、养老金待遇十八连涨、养老金领取人数随着婴儿潮一代的退休加速上升等情况，使企业社会保险缴费的下调面临重重困难。

我国养老保险制度创新改革始于 20 世纪 90 年代。1995 年，我国初步确立了社会统筹账户与个人账户相结合（简称"统账结合"）的养老保险制度模式，企业缴费完全计入社会统筹账户，用以发放基础养老金，个人账户全部由个人缴费形成。由于具体的实施方案不明确，各地纷纷选择适合自己的方案，结果一度造成混乱。1997 年国务院发布的《国务院关于建立统一的企业职工基本养老保险制度的决定》统一了养老保险缴费率。其规定基本养老保险的企业缴纳比例一般不得超过工资总额的 20%，按本人缴费工资 11% 的数额为职工建立个人账户，个人缴费全部计入个人账户，其余部分从企业缴费中划入。为强化养老保险多缴多得、长缴多得的缴费激励机制，2005 年国务院发布的《国务院关于完善企业职工基本养老保险制度的决定》规定，从 2006 年 1 月 1 日开始，个人账户的规模统一由本人缴费工资的 11% 调整为 8%，全部由个人缴费形成，个人缴费满 15 年获得基本养老金领取资格，个人缴费每增加一年，养老金增加 1%。我国养老保险制度规定日趋完善。

随着基本养老保险制度的逐步完善，补充养老保险制度的建立和发展开始受到政府的重视。2004 年 5 月 1 日，《企业年金试行办法》和《企业年金基金管理试行办法》施行，信托型的企业年金作为我国养老保险体系的第二支柱正式确立。2013 年底，财政部、人力资源和社会保障部、国家税务总局联合出台了《关于企业年金、职业年金个人所得税有关问题的通知》，对企业年金和职业年金给予个税递延优惠政策，即企业缴费和个人工资计税基数的 4% 以内部分的个人缴费，个人所得税纳税时间递延到领取年金时。2018 年 5 月，财政部等五部委又联合发布了《关于开展个人税收递延型商业养老保险试点的通知》。商业养老保险税收递延试点是税收政策支持第三层次养老保险的有益尝试。至此，税收优惠型的补充养老保险雏形确立。个税递延型商业养老保险有利于减轻社保支出压力、引导居民进行长期投资，对规范资本市场投资与资本市场发展也有积极意义。多层次养老保险体系的建设是政府改革养老保险制度的方向与目标所在，然而，企业年金、个人商业养老保险和个人账户养老保险的发展不尽如人意，基本社会养老保险一层独大的养老保险框架格局基本没有改变。

养老保险制度的改革从未止步。为降低企业社会保险缴费制度成本，自 2015 年以来，国务院已经连续 5 次降低或阶段性降低企业社保缴费率，总体的社保费率由 41% 降至 37.25%，降费幅度接近 10%，但是养老保险目前的企业法定费率最低仍然是 19%①，是"五险"中缴费率最高的一险。社会保险缴费偏高无疑会增加企业的成本负担，降低企业的市场竞争力并阻碍市场活力释放，进而影响宏观经济的健康发展。2018 年 6 月，《国务院关于建立企业职工基本养老保险基金中央调剂制度的通知》中明确，建立企业职工基本养老保险中央调剂金制度，向基本养老保险制度实现全国统筹迈出坚实的一步。但是基本养老保险制度统筹是否可行、社会养老保险"大水池"的作用能否发挥还有待研究。

与此同时，我国经济社会的主要矛盾发生了变化。从提出经济发展新常态，到以新发展理念推动经济发展变革，到深入推进供给侧结构性改革，再到我国经济已经由高速发展阶段转向高质量发展阶段这一论断的提出，新时代经济发展的思路与方向趋于明晰。站在新的历史起点，随着经济的全球化、信息化发展，人工智能、互联网和大数据时代的来临，劳动力需求与就业模式正在悄然发生变化。

退休年龄偏低、养老金十八连涨、退休金与在职职工工资倒挂等情况与我国劳动年龄人口下降、经济增速放缓的现实形成反差。养老保险制度的健康发展面临一系列制度变革的诉求。长缴费、多缴费的养老保险筹资机制尚不完善，缴费与受益之间的保险精算平衡机制尚需健全。虽然 2018 年我国开始实行中央调剂金制度，但是社会养老保险的全国统筹尚未实现，养老保险多层次的建设尚在艰难探索，难以落地实施。延迟退休年龄的方案因涉及面广、影响深远而迟迟没有推出。

本书将在经济发展新常态与人口"红利"消失的双重约束背景下，研究退休与养老政策的财政能力效应、健康效应、企业绩效与竞争力效应、就业效应，以期提出我国多层次、保基本、反贫困、可持续的养老保险制度顶层设计的政策优化路径。

---

① 国务院于 2019 年 4 月发布的《降低社会保险费率综合方案》规定，从 5 月 1 日起，降低城镇职工基本养老保险单位缴费比例，目前单位缴费比例高于 16% 的省份可降至 16%。

1.1.2 研究意义

本书的学术价值与意义在于：在政府以解决民生与公平收入分配问题为目标，以应对人口老龄化导致的老年赡养比提高、养老金缺口扩大为任务的背景下，研究延迟退休的经济效应与公平、可持续的养老保险制度具有重要的现实针对性。本书将分析发起方（政府）、缴费方（企业）与受益方（职工）三方利益相关者的责任与义务，融合公共经济学、健康经济学、劳动经济学与人口学等相关理论，构建一个富有解释力的综合性分析框架，揭示养老保险筹资困境与可持续发展的深层次原因，以实现理论研究的应有之义。同时，政府需要解决养老金支付缺口与财政压力、企业和职工的缴费积极性不高、职工对未来养老金的充足性和安全性信心不足等体制机制问题。这些问题导致政府在养老保险制度改革过程中与企业、职工三者间形成利益摩擦和政策诉求的冲突。为了消除摩擦与冲突，完善养老保险制度顶层设计，实现养老保险制度可持续发展，本书分别从政府、企业、个人三个维度展开研究。第一，以 S 省为例，根据 S 省人口、经济等的增长预测，基于保险精算原理，测度养老金的支付风险并评估延迟退休对养老金支付风险的缓解作用；第二，运用制造业上市公司数据，构建联立方程，利用三阶段最小二乘法，评估养老保险缴费率对企业投资与绩效的影响；第三，基于中国健康与养老追踪调查（China Health and Retirement Longitudinal Study，CHARLS）2011 年、2013 年的微观调查数据，利用断点分析法，实证分析退休对职工自评健康、客观健康和心理健康的影响；第四，基于工作搜寻理论模型，研究延迟退休年龄对就业的影响；第五，在国际比较的基础上，基于实证分析的发现，对政府完成养老保险制度改革顶层设计提出建议。

1.2 文 献 综 述

1.2.1 人口老龄化与养老保险筹资模式

在人口老龄化的背景下，如何实现"老有所养"是一个世界性养老保险可持续发展改革课题。过去 30 年来，经济合作与发展组织（OECD）成员国应对老龄化的养老保险制度改革从未间断（OECD，2013）[1]。养老保险制度作为老龄化经济效应的媒介影响因素，在经济全球化、人口老龄化加速发展的背景下，成为影响我国经济社会发展的重要因素。人口老龄化导致老年抚养比提高，劳动适龄人口减少，经济增速放缓，养老金支出持续上升并呈现超收入增长趋势，养老金缺口扩大挑战政府的财政支付能力。应对老龄化挑战的养老保险制度改革研究主要集中于养老保险结构调整与参数调整两个方面。在结构调整方面，有学者认为由现收现付制转向基金积累制的养老保险结构转变是应对老龄化对经济造成的消极影响及解决养老金缺口问题的必然选择（World Bank，1994[2]；Mohan，2004[3]；袁志刚，2001[4]；蔡昉、孟昕，2003[5]）。建立个人缴费与收益间的关联，使养老保险制度更透明，基金制比现收现付制更有吸引力（Feldstein，2005）[6]。然而，巴尔（Barr，2003）[7] 则认为，基金积累制能够应对老龄化冲击是一个谬误。养老保险模式不止一种，基金制并不必然优于现收现付制，各国政治、经济、文化、历史与政府管理能力不同，养老模式也呈现多样化（Diamond and Barr，2009）[8]，人口老龄化不是放弃现收现付制的合理依据（程永宏，2005）[9]。也有学者在养老保险筹资结构与政府责任方面进行了一些有价值的研究，赵耀辉、徐建国（2001）[10]，封进（2013）[11] 认为过分依赖社会保险缴费筹资与激励机制缺乏影响企业与职工的缴费意愿，并严重影响一国劳动力市场的均衡。政府用一般财政收入给予补贴是解决老龄化背景下基本养老保险制度收支缺口问题的主要办法（朱青，2009）[12]。而

---

[1] OECD，2013，Pension at a Glance 2013：OECD and G20 Indicators，OECD Publishing.

[2] World Bank，1994，Averting the Old Age Crisis，Published for the World Bank，London：Oxford University.

[3] Mohan，R.，2004，Fiscal Challenges of Population Aging：The Asian Experience，Reserve Bank of India Bulletin，October.

[4] 袁志刚：《中国养老保险制度选择的经济学分析》，载于《经济研究》2001 年第 5 期。

[5] 蔡昉、孟昕：《人口转变、体制转轨与养老模式的可持续性》，载于《比较》2003 年第 10 期。

[6] Feldstein，M.，2005，Structural Reform of Social Security，*Journal of Economic Perspectives*，19（2），pp. 33 - 55.

[7] Barr，N. A.，2003，Reforming Pensions：Myths，Truths，and Policy Choice，London：LSE Research Online.

[8] Diamond，Peter A.，N. Barr，2009，Reforming Pensions：Principles，Analytical Errors and Policy Directions，*International Social Security Review*，62（2），pp. 5 - 29.

[9] 程永宏：《现收现付制与人口老龄化关系定量分析》，载于《经济研究》2005 年第 3 期。

[10] 赵耀辉、徐建国：《我国城镇养老保险体制改革中的激励机制问题》，载于《经济学（季刊）》2001 年第 1 期。

[11] 封进：《中国城镇职工社会保险制度的参与激励》，载于《经济研究》2013 年第 7 期。

[12] 朱青：《我国社会保障制度完善与财政支出结构调整》，载于《公共经济学评论》2009 年第 5 期。

戴蒙德（Diamond，2005）① 认为政府应该调整不可持续的养老金支付责任承诺。

1.2.2　养老金领取与退休行为

值得注意的是，随着人口老龄化发展，西方一些国家的人口预期寿命延长与实际退休年龄下降现象并存（OECD，2013）②。欧洲国家弹性退休的规定导致提前退休行为普遍，劳动参与率下降，但是美国是个例外，基于保险精算的弹性退休年龄规定并未导致提前退休行为的发生（Feldstein，2005）③，而中国由于养老金保险精算的缺乏导致实际退休年龄低于法定退休年龄（苏春红、李齐云，2014）④。养老金被认为是影响退休决策的重要因素，弗尔德斯坦（Feldstein，1974）⑤ 研究发现养老保险具有"引致退休效应"，会导致职工减少劳动力供给。养老金和工资越高，职工退休的可能性越大（Boskin，1977）⑥，有企业年金的职工大概会比法定退休年龄提早退休1.2年（Kotlikoff and Summers，1979）⑦。费尔等（Fehr et al.，2003）⑧、康德路易斯等（Conde-Ruiz et al.，2003）⑨、维尔（Vere，2011）⑩ 研究发现，退休金保险精算中立的缺乏导致人们做出提前退休的理性选择，减少养老金非精算部分比重能够明显提高退休年龄并使各收入阶层获得收益，养老金收入的减少导致个人达到退休年龄后选择继续工作。除养老保险对退休决策的影响外，收入、工作特征、受教育水平、健康、健康保险、财产、个人预期寿命等也是影响退休决策的重要因素（Fields and Mitchell，2004⑪；Rust

---

① Diamond, Peter A., 2005, Pensions for an Aging Population, NBER Working Paper, No. 11877.

② OECD, 2013, Pension at a Glance 2013: OECD and G20 Indicators, OECD Publishing.

③ Feldstein, M., 2005, Rethinking Social Insurance, *American Economic Review*, 95 (1), pp. 1 – 24.

④ 苏春红、李齐云：《延迟退休年龄效应分析与推进策略研究》，载于《理论学刊》2014 年第 4 期。

⑤ Feldstein, M., 1974, Social Security, Induced Retirement, and Aggregate Capital Accumulation, *Journal of Political Economy*, 82 (5), pp. 905 – 926.

⑥ Boskin, M. J., 1977, Social Security Reform and Retirement Decision, NBER Working Paper, No. 0107.

⑦ Kotlikoffm, L. J., L. H. Summers, 1979, Tax Incidence in a Life Cycle Model with Variable Labor Supply, *Quarterly Journal of Economics*, 93 (4), pp. 705 – 718.

⑧ Fehr, H. et al., 2003, Social Security Reforms and Early Retirement, *Journal of Population Economics*, 16 (2), pp. 345 – 361.

⑨ Conde-Ruiz, J. I., V. Galasso, 2003, Early Retirement, *Review of Economic Dynamics*, 6 (1), pp. 12 – 36.

⑩ Vere, J. P., 2011, Social Security and Elderly Labor Supply: Evidence from the Health and Retirement Study, *Labour Economics*, 18 (5), pp. 676 – 686.

⑪ Fields, G. S., O. S. Mitchell, 2004, The Effects of Social Security Reforms on Retirement Ages and Retirement Incomes, *Journal of Public Economics*, 25 (1), pp. 143 – 159.

and Phelan，1997[①]；Quinn et al.，1998[②]）。戴蒙德（2005）[③] 认为退休年龄规定与退休后月养老金水平是决定退休行为的重要因素。欧洲国家对延迟退休征收隐性税意味着达到领取退休金年龄即退出劳动力市场是理性选择，养老金设计存在减少工作时间的激励。建立保险精算基础上公平的养老金给付制度不仅能够激励老年劳动者延迟退休，而且能够降低年轻劳动者的失业率，从而增进社会福利（Fisher et al.，2011）[④]。封进、胡岩（2008）[⑤] 研究发现失业与健康问题是影响我国城镇劳动力提前退休的主要因素。OECD 的一些成员国没有法定退休年龄的规定，退休行为与养老金制度及其改革密切相关。孔利（Conlie，2018）[⑥] 研究了美国1983年养老金法案修订以来老年劳动者退休行为及就业率的变化。研究发现，退休动机因养老保险制度的调整在1983年后发生变化，退休年龄受到退休动机的影响，实际退休年龄呈现上升趋势，60岁及以上老年劳动者的雇佣率持续上升。改革影响包括：第一，在任何时点，对各不同年龄段的工人而言，工作隐性税收（implicit tax）的差异对应不同的养老金待遇。第二，自1983年以来，养老金制度改革使65岁以后工作的内含税降低了15%，但是其他年龄段的内含税率基本没有变化。第三，受益确定型计划意味着在达到领取全额退休金年龄后继续工作的内含税将显著提高，因此，养老金由受益确定制转向缴费确定制，养老风险因此转移给个人。根据一项研究，美国待遇确定型养老金计划的比重由1980年的83%下降到2004年的39%（Munnell and Pamela，2006）[⑦]。最后，研究结论的政策含义是退休动机影响老年劳动者的劳动参与率。

1.2.3　延迟退休与养老保险公平可持续发展

随着人口预期寿命的延长，在老龄化社会延迟退休成为减轻财政负担、实

---

① Rust，J.，C. Phelan，1997，How Social Security and Medicare Affect Retirement Behavior in a World of Incomplete Markets，*Econometrica*，65（4），P. 781.

② Quinn，J. et al.，1998，The Microeconomics of the Retirement Decision in the United States，Working Paper，fmwww. bc. edu/ec – p/wp400. pdf.

③ Diamond，Peter A.，2005，Pensions for an Aging Population，NBER Working Paper，No. 11877.

④ Fisher，W. H. et al.，2011，Life-cycle Unemployment，Retirement，and Parametric Pension Reform，IHS Economics Series Working Paper 267.

⑤ 封进、胡岩：《中国城镇劳动力提前退休行为的研究》，载于《中国人口科学》2008年第4期。

⑥ Coile，C.，2018，The Evolution of Retirement Incentives in the U. S.，NBER Working Paper，No. 25281.

⑦ Munnell，A.，P. Pamela，2006，An Update on Private Pensions，Center for Retirement Research，Issue Brief 50.

现养老保险制度可持续发展的重要改革步骤，养老保险改革研究开始更多地关注以延迟退休年龄为主的养老保险参数调整。然而，延迟退休与就业之间的关系需要仔细考虑，因为就业充分是养老保险可持续发展的另一关键因素。如果延迟退休导致年轻劳动者失业率上升，失业保险支出负担加重或造成社会问题，那么落实延迟退休政策将十分困难，因此，延迟退休的时机选择非常重要（苏春红等，2015）[1]。学界对延迟退休问题从来不缺乏争论。反对延迟退休的学者认为延迟退休年龄会导致失业率升高。米歇尔和福特（Michello and Ford，2006）[2] 分析了美国旨在延迟退休的养老保险改革与降低失业率目标之间的矛盾，认为此项改革提高了失业率。支持者认为提前退休与失业率没有直接关系（Diamond，2005）[3]。格鲁伯和怀斯（Gruber and Wise，2009）[4] 进一步针对 12 个国家的老年人劳动参与率与年轻人劳动参与率的关系进行了分析，反驳了"老年人离开工作岗位可以为年轻人提供就业机会"的观点，经验证据显示，老年人的劳动参与率提高会降低年轻人的失业率。卡特韦克等（Kalwij et al.，2010）[5] 发现年轻人和老年人的就业并不存在替代关系，甚至还有轻微的互补关系。老年人提前退休反而会对年轻人的失业率造成消极影响，并不利于缓解失业（Lefèbvre，2012）[6]。国内支持延迟退休的学者认为由于人口红利消失、劳动力供求逆转以及人口老龄化给养老保险基金带来的支付压力，应该延迟我国的法定退休年龄（李珍，1997[7]；穆怀中，2001[8]；柳清瑞、金刚，2011[9]；郑秉文，2012[10]）。基于人口老龄化引起劳动力供给下降的背景，以养老保险缴费率降低为条件，提高法定退休年龄会起到扩大社会需求和增加社会就业总量的效应（郭正

---

① 苏春红等：《延迟退休年龄对中国失业率的影响：理论与验证》，载于《山东大学学报》（哲学社会科学版）2015 年第 1 期。

② Michello, F., W. Ford, 2006, Pension Reform, Retirement, and Life-cycle Unemployment, *Business Economics*, 41: pp. 38 – 46.

③ Diamond, Peter A., 2005, Pensions for an Aging Population, NBER Working Paper, No. 11877.

④ Gruber, J., D. A. Wise, 2009, Social Security Programs and Retirement around the World: the Relationship to Youth Employment: List of Contributors, Indexes, *Journal of Pension Economics & Finance*, 8 (3), pp. 400 – 401.

⑤ Kalwij et al., 2010, Retirement of Older Workers and Employment of the Young, *De Economist*, 158 (4), pp. 341 – 359.

⑥ Lefèbvre, M., 2012, Unemployment and Retirement in a Model with Age-specific Heterogeneity, *Labor*, 26 (2), pp. 137 – 155.

⑦ 李珍：《关于退休年龄的经济学思考》，载于《经济评论》1997 年第 1 期。

⑧ 穆怀中：《社会保障水平经济学分析》，载于《中国人口科学》2001 年第 3 期。

⑨ 柳清瑞、金刚：《人口红利转变、老龄化与提高退休年龄》，载于《人口与发展》2011 年第 4 期。

⑩ 郑秉文：《中国养老金发展报告 2012》，经济管理出版社 2012 年版。

模，2010)①。反对延迟退休年龄的学者也有充足的理由。邓大松、甘泉（1999)②针对美国退休年龄"后移"现象提出延迟退休使技能低、在业收入低、健康状况差的群体成为"牺牲品"，同时可能激化劳动力供求矛盾。张车伟（2013)③认为推迟退休年龄对总体就业的影响并不大，但对城镇正规部门就业的影响比较大，因此对大学毕业生的影响最为严重，政府应将国有经济收益作为养老金稳定的一个来源，通过技术创新、经济增长解决老龄化带来的养老金支付问题。李绍光（2005)④认为延迟退休年龄不影响就业的假设在中国不一定成立。中立的观点包括：延迟退休年龄应综合考虑劳动力供给、人口预期寿命和政府养老金支付压力的大小。弹性退休制度是一个最优选择，它允许职工根据自身的基本因素自主选择退休年龄，以满足不同人群对劳动与退休的需要（张乐川，2010)⑤。

需要引起注意的是，延迟退休能够降低企业缴费率，激励企业吸纳更多劳动力，同时促进工资和就业的增长（罗元文，2001⑥；杨俊，2008⑦）。缴费率过高会导致企业和职工缴费积极性不高，养老保险征缴率低，而且会导致"资本驱逐劳动"，造成工作一代更希望达到退休年龄后即选择退休，以更早地领取养老金来补偿其缴费（Feldstein，2005⑧；赵耀辉、徐建国，2001⑨；封进，2013⑩）。

促进养老保险可持续发展的结构性改革方面，杨燕绥（2008)⑪、孙祁祥（2008)⑫认为，养老保险财务是否具有积累特征是养老保险财务可持续的重要保证，目前企业基本养老保险的现收现付制社会统筹面临难以持续发展的巨大挑战。

---

① 郭正模：《对制度安排的劳动力市场退出和退休行为的经济学分析》，载于《社会科学研究》2010年第2期。

② 邓大松、甘泉：《中国实施再就业工程的意义、现状与建议》，载于《经济评论》1999年第5期。

③ 张车伟：《人口老龄化、劳动力市场变化与养老保障问题——完善城镇职工基本养老保险制度的思考》，载于《老龄科学研究》2013年第2期。

④ 李绍光：《认识和应对当前社会保障改革的新特点》，载于《中国社会保障》2005年第1期。

⑤ 张乐川：《上海地区弹性退休制度研究》，载于《长江大学学报》2010年第4期。

⑥ 罗元文：《养老保险制度中关于退休年龄的探讨》，载于《市场与人口分析》2001年第6期。

⑦ 杨俊：《养老保险和工资与就业增长的研究》，载于《社会保障研究》2008年第2期。

⑧ Feldstein, M., 2005, Rethinking Social Insurance, *American Economic Review*, 95 (1), pp. 1 - 24.

⑨ 赵耀辉、徐建国：《我国城镇养老保险体制改革中的激励机制问题》，载于《经济学（季刊）》2001年第1期。

⑩ 封进：《中国城镇职工社会保险制度的参与激励》，载于《经济研究》2013年第7期。

⑪ 杨燕绥：《社会保障定型与社会保险完善》，载于《中国社会保障》2008年第1期。

⑫ 孙祁祥：《人口转变、老龄化及其对中国养老保险制度的挑战》，载于《财贸经济》2008年第4期。

1.2.4 文献评述

值得强调的是，国内已有研究与我国改革实践更多地集中于养老保险制度转轨，反观现实，在中国资本市场发育尚不完善、养老保险实际覆盖率不高以及转轨成本高企的背景下，延迟退休是实现养老保险可持续发展改革的方向。然而，延迟退休的劳动力市场效应与其他经济效应研究有待进一步加强，越来越多的理论和实践问题也已浮出水面，这些问题在已有的文献中体现得相对松散，尚未形成系统的理论框架，甚至还出现了一定的研究缺位与不足：（1）政府在考虑养老保险制度顶层设计时容易忽视企业、职工的意愿和行为。事实表明，政府、企业和职工的三方博弈关系直接决定养老保险制度改革成败。（2）政府弥补养老金缺口的财政投入连年攀升，而这一投入随着人口老龄化的发展还将持续增长，这一趋势倒逼政府对养老保险财政投入效率进行评价，对经济新常态、人口老龄化背景下政府社会保障责任定位重新思考。（3）延迟退休是养老保险可持续发展的重要改革部分，目前对延迟退休年龄对就业的影响及其他经济效应的经验研究还较为缺乏。基于此，本研究聚焦于延迟退休年龄的经济效应分析，并在实证分析的基础上提出了我国多层次、广覆盖、保基本、反贫困和可持续的养老保险顶层设计优化路径。本书还提出了重构养老保险的政府、企业与个人责任的方案设计。

1.3 研究思路与研究内容

1.3.1 研究思路

首先，通过建立养老金精算模型，基于保险精算和会计原理，预测了 S 省 2015~2050 年企业职工养老保险收支缺口及其财政负担系数，并进一步分析了两个延迟退休方案假设对养老金缺口的影响。在养老金缺口测算的基础上，研究养老保险缴费对企业投资与企业价值的影响，基于 2007~2014 年我国沪深两市 A 股主板制造业上市公司数据构建联立方程模型，并借助三阶段最小二乘法（3SLS）实证考察了社会保险缴费率对企业价值的影响及其影响路径。养老金缺口扩大的趋势与社保缴费率对企业投资与绩效的负向影响为延迟退休年龄提供了经验证据。然而，健康资本是人力资本价值的重要组成部分，延迟退休年龄政策的制定应考虑退休对健康的影响。如果退休对健康产生负面影响，延迟退休在提高养老金支付能力的同时，还能降低医疗费用的开支，提高居民的福利水平；反之，如果退休对健康产生正面影响，延迟退休的政策目标收益可能被医疗支出的增长所抵消（Sahlgren，2017）[1]。政府制定延迟退休政策时应权衡成本与收益，并利用其影响机制调整老年劳动者的健康行为和工作时间。本书继而研究了退休对健康的影响，并试图寻求退休影响健康的机制。除了对健康的影响外，延迟退休对劳动力市场的影响更需要被重视，本书继而基于工作搜寻模型，研究了延迟退休年龄对就业的影响。在以上模拟测算与实证分析的基础上，本书提出：延迟退休年龄能够缓解养老金支付压力，但是不能从根本上解决养老保险可持续发展的问题，而且应考虑政策推出对就业和居民健康的影响。此外，建立多层次养老保险体系、阶段性降低并统一养老保险缴费率、探索基本养老保险缴费全国统筹、全球配置养老保险基金资产以提高养老保险基金的保值增值能力等综合性改革有待配套。本书提出了在经济新常态与人口"红利"消失的双重约束下，重新定位政府的养老保险责任，适应经济增长新常态的公平、可持续的养老保险制度设计。

1.3.2　研究内容

除第 1 章总论外，本书剩余章节安排如下：

第 2 章是理论分析。本章就相关研究的理论基础与影响机制进行了理论探讨，内容包括政府、企业、个人社会保障责任划分的依据及根据人口结构、经济增长变化对养老保险制度进行重构与"再商品化"的分析；其后对延迟退休年龄对养老保险制度可持续发展的影响机理进行了分析；紧接着，分析了退休影响健康的理论基础及影响机理；随后根据已有研究，分析了社会保险缴费率影响企业新增投资与企业绩效的机理；最后对公平、可持续发展的意义与内涵进行了界定与分析。

第 3 章研究养老金支付风险与延迟退休年龄的作用。建立养老保险精算模型，基于保险精算和会计原理，预测了 S 省 2015～2050 年企业职工养老保险收支缺口及其财政负担系数，分析了延迟退休制度因素变动对预测结果的影响。本章在基准评估的基础上，进一步模拟不同的经济增长水平（高、一般、低）和人

---

[1]　Sahlgren, G. B. , 2017, Retirement Blues, *Journal of Health Economics*, 54, pp. 66 – 78.

口预测方案（高、中、低）下养老保险缺口的测算，并分析了两种延迟退休年龄方案下对养老保险缺口的化解效应和对财政风险的控制效应。本章还对城镇机关事业单位养老保险基金缺口进行了测算。

第 4 章是社会保险缴费率的企业效应分析。利用 2007～2014 年沪深两市 A 股制造业上市公司数据，通过构建联立方程，采用三阶段最小二乘法（3SLS），实证考察了社会保险缴费率对企业价值的影响及其影响路径，并进而考察了实际缴费率高低对不同所有制和不同地区企业的价值影响程度差异。

第 5 章是退休对健康的影响与影响机制分析。基于 2011 年与 2013 年中国健康与养老追踪调查（CHARLS）数据，采用模糊断点回归方法，通过对睡眠、社交、饮酒、吸烟、锻炼等影响机制的考察，从生活方式和时间使用视角研究分析了我国退休制度对城镇职工健康的影响及影响机制。

第 6 章基于 DMP 理论的分析表明，提高退休年龄使得企业提供的岗位数量增加，进而降低失业率。实证分析的结果验证了这一结论在中国的有效性，失业率与劳动年龄人口呈现负相关关系，与老年抚养比正相关，且均呈现出较高的显著性。劳动年龄人口的增加或者老年抚养比的降低一方面意味着就业市场可以为企业提供的劳动力更加充足；另一方面企业也愿意增加空缺岗位的数量。两方面的共同作用下，求职者和雇主的匹配更加容易实现，从而增加就业。进一步模拟分析发现，根据我国国情，老龄化仍将持续，这一人口发展的特点决定了失业率的上升趋势，通过延迟退休年龄恰恰能够降低失业率水平；延迟退休开始的时间不同，失业率的波动也会不同，因此选择合适的开始时机和实施步伐对延迟退休政策的平稳落地有重要意义。

第 7 章是国际经验借鉴。本章在对我国多层次养老保险体系构建存在的问题进行分析的基础上，对养老保险制度改革的国际经验进行总结分析。OECD 国家的养老保险制度几乎面临与我国同样的挑战：如何在保持养老保险制度可持续发展的前提下，提供给退休人员充足的养老金收入。这两者间的矛盾不是新问题，但是经济危机对养老金缺口的影响使得财政巩固变得紧迫。尤其是在欧洲大陆国家，现收现付制下，财务可持续问题备受关注。经济危机加速了养老保险制度改革，危中求机，改革往往都是由危机推动的，经济状况好、养老基金收入缺口不大时改革动力不足，阻力更大。但是当经济增长放缓或停滞时，失业率大幅上升、收入增长停滞，使得养老保险收入出现"断崖式"下滑，潜在的收支矛盾提前暴露，这是改革的重要契机。养老保险制度改革反过来又影响财政，要满足和实现财政稳定性的需求，让养老保险与经济发展间实现良性互动挑战着政策制定者的智慧。OECD 国家进行了包括延迟退休年龄、控制社会保险缴费率、冻结养老保险待遇调整、建立强制性或准强制性的企业年金补充养老保险、鼓励个人储蓄型商业养老保险、在养老金支付与一般财政预算之间建立防火墙、锁定政府养老金支付责任、政府由支付责任者转变成组织者和监督者并重点关注消除老年贫困等一系列改革。

本书的最后一章是结论和政策建议。

1.4 研究方法

1.4.1 理论模型分析

本书养老金缺口的界定为现金流量缺口，是一定时期内养老金基金征缴收入与基金支出的差额，不考虑个人账户"空账"问题，并且是剔除了财政补贴后的缺口。我们将一个公立年度确定为一个测算期间，测算了 2015～2050 年间各年养老金缺口，各年缺口之和为累计缺口。我们利用工作搜寻模型，系统地分析了延迟退休对就业的影响。

1.4.2 实证分析的联立方程与三阶段最小二乘法

相比于单一方程，联立方程模型（SEM）有诸多优点，其能够克服内生性问题，得到的估计结果更加可靠，更重要的是能够全面反映各经济变量之间的复杂运行机制（王昀、孙晓华，2017）[1]。本书构建的联立方程模型，通过三阶段最小二乘法检验社会保险缴费率对企业投资和企业价值的影响。

1.4.3 实证分析的断点回归分析法

通过断点分析法，实证分析退休对健康的影响及其影响机制。退休对健康影响研究的难点在于解决内生性问题，一些无法观测的变量（个人偏好、健康禀赋等）、可能带来遗漏变量偏差问题，同时，退休与健康之间存在双向因果关系，

---

① 王昀、孙晓华：《政府补贴驱动工业转型升级的作用机理》，载于《中国工业经济》2017 年第 10 期。

已有研究表明健康程度及不可观察的健康冲击严重影响退休行为（McGarry，2004）[1]。传统普通最小二乘法（OLS）及面板数据研究方法难以克服上述内生性问题，使得研究结果出现偏误。我们通过控制年龄效应、婚姻状态及受教育程度来缓解因个体异质性带来的遗漏变量偏差。同时，断点回归分析法可以缓解因双向因果带来的内生性问题。断点回归的方法类似局部随机试验，所有变量在断点前后具有相同分布，断点回归设计在给定某个协变量的情况下，处理状态的概率和期望值发生不连续变化（Lee and Lemieux，2010）[2]。

1.4.4 文献梳理法

本书梳理归纳了养老保险可持续发展研究的相关文献，跟踪社会保险缴费企业效应、退休对健康影响的国内外研究的前沿文献，通过对文献的梳理、归纳，发现研究的全新视角，并结合我国当下养老保险制度，基于实证分析的结论，提出我国养老保险制度可持续发展的顶层设计。

1.5 研究创新与不足

1.5.1 研究创新

1. 养老金支付风险与延迟退休作用评估的创新

首先，首次预测了省级企业职工养老保险缺口，刻画了养老金缺口的省级特征及影响因素。其次，测算参数设定更符合政策取向。将延迟退休方案开始的年份确定在人社部计划开始推迟退休年龄的2022年、考虑了放开二孩政策对生育率的影响及经济步入新常态对养老金缺口的影响，并进行了多因素同时变化的情景分析，使得模拟测算结果更具决策参考价值。最后，从化解财政风险、公平可

---

① McGarry, K., 2004, Do Changes in Health Affect Retirement Expectations?, *The Journal of Human Resources*, 39 (3), pp. 624 – 648.

② Lee, D. S., T. Lemieux, 2010, Regression Discontinuity Design in Economics, *Journal of Economic Literature*, 48 (2), pp. 281 – 355.

持续发展视角提出养老保险制度顶层设计的政策建议。

2. 退休对健康影响研究的创新

首先，基于变量较为翔实的 CHARLS 微观数据库，利用模糊断点回归方法，缓解了退休与健康关系的内生性问题，同时在多方面进行了稳健性检验，从而使分析结果更加严谨。其次，研究较为全面，主客观健康指标与心理健康指标均涵盖，同时机制研究中覆盖锻炼、社交、睡眠、吸烟和饮酒五项指标，丰富了退休对健康影响的研究。最后，研究发现退休对健康影响的作用机制因性别而不同，这意味着考虑退休对健康的影响，应制定性别差异的退休政策。

3. 社会保险缴费率对企业投资与绩效影响的研究创新

本书或许是国内外文献中首次研究社会保险缴费率对企业价值的影响及影响路径的。本书构建了社会保险缴费率影响微观企业投资与企业价值的一个分析框架，对社会保险缴费率的微观经济效应研究进行了开拓性的探索。另外，以往对企业价值的研究大多使用单一方程，难以克服内生性问题，本书通过建立联立方程，利用三阶段最小二乘法对社会保险缴费率、企业投资和企业价值之间的关系进行了研究，克服了内生性问题，具有较好的稳健性。

1.5.2 研究不足

本研究的不足主要包括两个方面：

退休对健康的影响研究。首先，职业不同会使退休对健康产生不同的影响，但是因本数据库对相关职业并未进行细致划分，因此使得该项研究相对而言有些遗憾。其次，因样本应答率问题导致的样本数量受限。我们没有考虑时间等异质性因素对回归结果产生的影响，并且未能得出退休对女性健康产生影响的机制。这些局限性有待在未来的研究中取得突破。

社会保险缴费率对企业投资与绩效影响的研究。受数据获取限制，没有研究社会保险缴费率对企业用工行为的影响。另外，社保缴费影响企业投资与绩效的文献资料较少，研究社保缴费影响企业投资与绩效的机制主要借鉴了税收对企业投资与企业价值的影响，虽然社会保险缴费具有税收性质，但是并不同于一般税收，社会保障缴费具有受益对称性，因此，社会保障缴费影响企业投资与企业绩效机理的研究仍待完善。

第 2 章

退休经济效应的理论分析
与公平可持续制度内涵

2.1 养老金债务风险与延迟退休的风险化解作用

2.1.1 政府的社会保障责任是养老保险运行的基础

社会保障是政府纠正市场失灵的重要手段。商业保险市场逆向选择、道德风险及其后果、老年储蓄不足、医疗成本上升、信息不对称及短视、处置通货膨胀风险的困难等是政府干预社会保障的基本理由，市场失灵在社会保障领域的表现更加充分而客观。从效率和政府责任角度看，具有普遍性及维持劳动再生产基本需要两方面特征的风险，适合由拥有强制权力的政府负责。随着工业革命的发展，在市场经济的不断深化、家庭结构的核心化等经济社会因素的共同作用下，在工业化、市场化和城镇化过程中，个人的社会风险日益增加并趋于多样化，为维持劳动力再生产的基本需要，在世界范围内，政府越来越多地介入社会保障事务。从英国 1601 年颁布的《伊丽莎白济贫法》、美国 1935 年颁布并实施的《社会保障法》，到英国 1942 年发布的《贝弗里奇报告——社会保险和相关服务》，政府在社会保障中的责任不断清晰，并随着社会结构、经济发展放缓与经济全球化以及人口的老龄化不断地进行调整和适应性改革，经历了从政府社会保障责任边界逐渐扩大，到社会保障责任边界重新收缩的过程。

虽然各国社会保障制度建立的时间、背景及目标不同，但是随着社会保障覆盖范围的不断扩大、社会保障水平随着经济快速发展得到提高，各国政府的社会保障责任边界不断扩大。政府逐渐承担起构建养老保险的主要责任，成为社会养老保险制度的组织者、监督者，甚至是最后责任人。第一，政府的社会保障责任的核心是财政责任，财政直接或间接地为养老保险制度提供资金支持。一方面，政府财政补贴是养老基金收入的重要组成部分，是政府公共支出的重要内容，并且随着人口老龄化的发展，其呈现不断上升的趋势。另一方面，政府对养老金支付的未来承诺是政府隐性的或有负债，政府还承担着社保基金收不抵支、基金耗尽时的最后支付者的角色。第二，政府负责建立社会保障有序运行的制度，包括建立完善各项社会保障制度，并进行基础性的投入，比如人力、系统和行政管理。第三，承担社会救助和补贴。消除贫困，提供针对特殊群体的各类福利待遇、津贴和救济金等基本民生保障是以养老保险为主体的社会保障制度的基本职能，比如最低生活保障支出等。第四，制度转轨成本。负责由于社会保障制度改革给利益相关者带来的基金损失。这部分损失需要由政府承担补偿责任。比如由现收现付制转向基金积累制产生的转轨成本、为鼓励企业年金与个人账户补充养老保险发展给予的税收政策优惠。

然而，由于养老金制度设计的目标是多重的，包括保险、再分配、减贫和熨平消费，多重目标的实现面临财政能力的约束，随着公共财政的兴起，公共支出结构发生显著变化，以包括养老保险在内的社会保障为主要内容的转移支付制度是公共支出由经济性支出向社会性支出转变的主要因素，尤其是随着人口老龄化和经济增速放缓，社会保障支出的负担呈现刚性增长的趋势。支出的增加导致社会保障税收的增加，随着税收负担的不断上升，本国企业的竞争力与经济活力被削弱，为维持养老保险制度的支付能力，同时不增加甚至降低企业的社会保障缴费负担，自 20 世纪 80 年代开始，重新构建社会保障责任框架，"再商品化"，重构政府、企业与个人间责任的多层次养老保险体系建设成为各国社会保障改革的新方向。

政府的能力是有限的，从公平与效率的角度权衡，政府应该做有限责任政府，调整不可持续的养老金承诺，应该向社会公众传递明确的信号，即政府的养老金支付能力是有限的。政府财政应该编制社会保障预算[①]，将政府的预算约束与制度能力转换为可行的政策，以不断完善公平、可持续的养老保险制度。重新界定国家治理基础和重要支柱财政定位下的政府养老保险责任。在社会、人口与经济发生快速变化的时代，政府承担的社会保障责任必须进行适应性调整。否

---

① 2014 年《预算法》的修正标志着我国开始编制独立的社会保障预算。

则，政府的未来养老金承诺将难以兑现。

2.1.2　人口、社会、经济转变与财政能力、财政风险

随着 20 世纪 70 年代石油危机的爆发，发达国家经济发展陷入"滞胀"，经济增速的放缓给各国养老保险支付带来沉重负担，各国开始对养老保险制度进行结构性改革和调整。人口老龄化是 21 世纪全球化的人口结构特征。中国也不例外，在 1999 年中国进入老龄化国家行列，老龄化呈现快速发展的态势。人口老龄化导致老年抚养比上升，各国开始降低基本社会养老保险比重，探索建立企（职）业年金和个人发展账户补充养老金，全球养老保险出现"三七开"①的发展趋势。随着经济与人口结构的变化，政府的社会保障责任呈现个性化、个人责任社会化的发展特征。虽然我国在 20 世纪 90 年代中期确立了"统账结合"养老保险制度模式，但是养老保险个人账户"空账"造成我国养老保险制度仍然是实质上的现收现付制。现收现付制养老保险筹资模式三个重要的参数包括老年赡养比、养老金替代率和缴费率。人口老龄化提高了老年抚养比，如果不改变缴费率和养老金替代率，养老保险基金收支平衡将面临挑战，财政的能力将面临考验，财政风险因显性直接债务与隐形直接债务而加剧。发达国家开始进行养老保险制度的改革，一方面，从现收现付制向部分积累制转变，另一方面，延迟退休年龄成为其应对人口老龄化的养老政策的重要改革内容。与发达国家类似，中国经济在经历了持续 30 多年高速增长后进入新常态，经济发展由传统的生产要素驱动和投资驱动转向创新驱动，经济增速的放缓对养老保险的缴费及养老金的发放也产生了消极影响，社会保险缴费成为企业沉重的成本负担，财政补贴占养老保险基金收入的比重不断提高。因此，养老金支付压力随着人口老龄化发展呈现逐年上升的趋势，一些省份的养老金已经出现收不抵支的亏空状态。

随着信息社会与人工智能时代的来临，就业的形式趋于多样化，家庭结构趋于核心化，这些社会形态的变化对养老保险制度的政府责任也提出了挑战，灵活就业人员的养老保险及医疗等其他社会保险直接关系到社会的创新能力和市场的活力，家庭的核心化和城镇化弱化了"家庭养老"的功能，社会养老、政府养老为民众所期。政府的压力陡增，为降低财政风险，政府养老保险责任进入收缩阶段。延迟退休改革是近些年来发达国家和发展中国家缓解养老金支付压力以及增加劳动力供给的养老保险制度改革的主要举措。

---

① 杨燕绥等：《政府与社会保障》，中国劳动社会保障出版社 2007 年版。

2.1.3　延迟退休年龄与财政风险

　　一个设计合理并运行有序的养老保险制度安排具有促进经济发展和社会公平的双重功能。社会保险制度随着社会、经济、人口的变化进行适应性调整是实现增长与公平双重功能的前提，政府必须依据社会条件的变化而改变社会保障政策。这些政策包括小调整和大变革。小调整包括延迟退休年龄、降低缴费率与替代率、调整退休金领取的资格条件及退休金收益计算办法等；大变革则是放弃现收现付制的养老保险制度，转向基金积累制或者部分基金积累制。延迟退休年龄一方面延长个人的工作期，另一方面缩短个人的退休期，更进一步延长缴费期。理论上，延迟退休年龄能在一定程度上降低社会保险缴费率，减少政府的社会养老保险支付责任，在一定程度上缓解养老金入不敷出和亏空的风险，使财政压力得到缓解。降低替代率、调整养老金领取资格条件及退休金收益计算办法也能起到类似作用。建立多层次养老保险体系，增加个人养老金责任也是各国养老保险制度改革的重要途径。养老保险制度的改革传递着政府对养老保险承担的责任是有限的，企业尤其是个人在养老保险中的责任不断增加的信号。杨燕绥等（2007）[①] 将政府的养老保险责任划分为直接责任、间接责任和相对责任。政府的社会保障责任在全球养老保险制度改革进程中呈现出以下特征：第一，政府的直接财政支付责任不断收缩。直接财政责任是指政府承担资金筹集、基金管理和待遇支付的全部责任，即直接资金担保。第二，探索政府以外的第三方机构负责养老保险的基金管理和运营。经济学家奥斯特罗姆在 20 世纪 70 年代指出，组织有两种对立的形式，即官僚制和市场。官僚组织相对于市场选择是低效的。官僚行政模式缺乏竞争、消费主权和低成本选择的激励。随着信息化和人工智能时代的来临，服务型政府逐渐取代官僚制政府，优化营商环境、优化政府服务与提升服务质量与效率的理念不断深入。社会保险经办机构是服务型政府的一部分，要基于权钱分离的原则，依法建立社会保险经办机构，并依法确定其公共服务职责、服务流程、行政费用与人事制度等，建立以社会保障卡、社会保障个人账户和社会保障服务系统三位一体的社会保障服务系统。政府的责任在于监督、考核，不再直接从事社保的管理和经办。新加坡中央公积金制度是典型代表。第三，建立独立的社会保障预算，隔绝社会保障对财政带来的风险。第四，社会保障制度与促进经济发展和促进就业相结合。第五，政府责任转向消除贫困。

　　[①]　杨燕绥等：《政府与社会保障》，中国劳动社会保障出版社 2007 年版。

2.2　社会保险缴费率的企业行为影响分析

理论上，退休模式与资本有机构成密切相关。如果劳动力的成本低而资本的成本高，市场就会选择劳动力而不是资本；反之，如果劳动力的成本高于资本，市场则会选择资本而不是劳动力。劳动力成本的高低取决于包括养老金在内的工资和福利的高低。如果维持退休年龄不变，甚至是早退现象普遍，则意味着较短的劳动期和较长的退休期。如果社会保障给付水平一定，甚至随着老龄化发展不降反升，社会保险的缴费率必然上升，因而劳动力成本上升，结果是资本替代劳动，失业率上升。另外一种可能是对于刚性的养老保险支出，企业可能试图将其负担的社会保障缴费转嫁给消费者，从而提高产品价格。但是面对激烈的国内和国际市场竞争，绝大多数企业是价格的接受者，其只能选择减少产量或者退出生产领域。这意味着如果企业的社保缴费不能通过提高价格转嫁给消费者或者通过降低工资转嫁给雇员，社会仍然面临失业率上升的局面，进而财政的风险进一步加剧。

2.3　退休对健康影响的效应分析

2.3.1　社会撤离理论与社会参与理论

退休对健康的影响无论是理论还是实证分析都缺乏较为一致的结论，其效应多维且个体效应呈现异质化特征。退休对客观健康、认知能力、心理健康和自评健康等多个健康维度产生影响。社会撤离理论与社会参与理论是分析退休对健康影响的两个重要理论分析工具。社会撤离理论认为，随着年龄的增长，老年人的认知能力与身体机能逐渐下降，身体机能和精力的下降会导致其生产能力和竞争能力下降，使其自愿脱离社会生活，摆脱社会期待，扮演次要社会角色，社会权利也顺利实现交接。"退休"是一个"自然"的老龄化过程，这一过程对老年人的身体健康和心理健康产生影响。随着身心功能的减退，老年人承担的社会责任和其在社会中的角色逐渐"撤离"，他们期望更多地从事个人认为价值更高的休闲活动，虽然这种退出产生福利损失（主要表现为收入不再增长甚至减少），但是与压力的消失和社会角色相关的责任的消失带来的福利增加相比较，增加福利的行为对健康产生正向影响。

与社会撤离理论对应的另一个理论是社会参与理论。该理论认为，老年人积极参与社会活动并扮演社会角色，对其健康及福利产出产生积极影响。工作带来自我价值的实现、提供社会互动的机会并且是创造力表现的出口，活动水平高的老年人比活动水平低的老年人对生活更满意，对社会也更适应。为了保持这种健康的自我意识和较高的生活满意度，老年人退出劳动力市场后应找到类似的社会角色作为替代。社会应鼓励老年人积极从事一些力所能及的工作并为他们创造机会。老年人的积极社会参与对其认知能力的下降也起到减缓作用。社会参与理论认为老年人努力保持他们之前的身份、活动和风格，以否定老年的存在，以新的角色替代退休失去的角色，把自身和社会的距离缩到最小。

这两个理论共性的观点是老年人活动的减少是产生健康问题的原因，社会撤离不是产生健康问题的原因。

2.3.2 健康人力资本理论

格罗斯曼（Grossman，1972）[1] 健康人力资本模型指出，健康是医疗服务、教育、收入、性别、年龄、婚姻状况和生活方式的函数。生活方式对健康的影响意味着如果个体从事体育锻炼或者在业余时间继续工作，并且有良好的生活方式，退休对健康的负效应将减轻。格罗斯曼（1972）[2] 结合家庭生产模型与人力资本理论，分析了个体对健康人力资本的需求。在这一分析框架下，个体在工作期的健康消费和投资直接增加效用并减少因病造成的效用损失，同时增加了健康的时间并提高了收入。这意味着退休后投资健康以提高生产率和收入的动机不复存在。退休后养老保险收入是老年人的主要收入来源，而养老金收入与健康状况无关，老年人也无须考虑要有一个健康的身体投入到有压力、有挑战性的工作中，因此其健康水平将出现下降。然而，健康作为消费品是影响效用函数的重要因素，因此，退休后老年人仍会投资健康。如果退休后时间的边际价值提高，意味着人们将增加健康投资；相反，则减少健康投资。时间边际价值的下降隐含着退休后有更多的时间看病取药，退休后休闲时间的增加降低了健康投入的机会成

---

①② Grossman，M.，1972，On the Concept of Health Capital and the Demand for Health，*Journal of Pubic Economy*，80（2），pp. 223 – 255.

本，退休后身体的不适能够更及时地得到诊疗，从该意义上讲，退休对健康产生正向效应。退休对健康的影响取决于两种效应的比较。

2.4 公平可持续养老保险制度的内涵

2.4.1 代际公平——筹资模式

养老保险的公平性表现在代际与代内两个维度。代际再分配是收入在代际间的合理转移。现收现付制下，养老保险体系没有明显的时间维度。政府在提供养老保险计划时，一般不会考虑个体终生领取的养老金总额，在某一特定年份，工作一代缴费，退休一代领取养老金就像享受国防与新鲜的空气一样天经地义。但是如果就个体而言，缴费与收益存在巨大差距，那么"公平"问题就必须加以重视。

就个体而言，养老保险缴费回报率是衡量代际公平的重要标准。理论上，当某个个体养老保险缴费现值等于其养老金收益现值，此时的回报率是精算公平的回报率，是激励与约束机制相容的养老金缴费与收益确定机制，可以有效避免就业积极性的负向激励和劳动参与率的下降。以美国为例，在现收现付制养老保险制度建立时达到退休年龄的一代享受的养老金回报率最高，第一代不需要缴费，属于纯粹受益的一代，而随着人口老龄化发展，现收现付制下的养老保险制度因为赡养率的不断提高导致养老保险的收益率不断下降，为维持养老保险制度的可持续发展和代际公平，养老保险制度由现收现付制转向基金积累制。一方面，基金积累制能够避免人口老龄化风险；另一方面，个人的收益取决于个人缴费与基金投资运营收益，这对个人延长工作年限、激励参保人缴费具有正向影响。基金积累制下基金投资对规范资本市场的运作也将产生推动作用。然而，转轨一代的养老金受益因承担转轨成本而低于公平的回报率（Leimer，1995）。[①] 为此，政府应承担转轨的责任。不同组间回报率相近符合公平的基本要求，制度在政治上获得更多支持，并且最小化工作负向激励。

---

① Leimer，Dean R.，1995，A Guide to Social Security Money's Worth Issues，*Social Security Bulletin*，58，pp. 3 – 20.

2.4.2　代内公平——再分配效应

代内公平是指养老保险的代内收入再分配功能。为实现养老保险代内不同个体间基本的公平，养老保险制度设计应从终生高收入者向终生低收入者的补偿性收入转移。由于低收入者收入边际效用高于高收入者，由高收入者向低收入者的再分配能够提高社会总的福利水平，实现帕累托改善。从参保缴费的视角看，符合条件的个人应被养老保险制度覆盖，具有相同缴费能力的个体应按照透明的缴费基数和法定缴费率足额缴费，具有不同缴费能力的参保者应根据缴费能力差异化缴费。公平性是养老保险制度可持续发展的前提，如果养老保险制度不能激励参保者积极缴费参与，也就是激励机制缺乏，养老保险制度可持续性就无从谈起。各国的社会保险制度设计基本上都对社会保险缴费规定了上下限就是基于缴费公平的考虑。从待遇资格条件、待遇水平的视角看，养老保险制度也应保持公平性。养老金资格条件一般包括缴费年限规定、领取资格年龄规定两个方面，对符合提前领取资格条件者，养老金待遇相应减少一定比率，而在达到领取资格年龄后仍然工作延迟领取养老金者则予以奖励。因此，养老保险制度的公平性是以效率为基本前提的，或者至少是公平与效率的统一。养老保险金的水平与缴费年限、退休前工资收入或者工作期收入的平均水平是密切相关的。当然，低收入者的养老金替代率应高于高收入者，以此保障低收入者的基本生活，避免老年贫困的发生。这必将导致不同群组的养老金回报率产生差异，但是从考虑最贫困者的效用的动机出发，如果该制度不至于导致低社会经济地位群体的养老金收益绝对额因其寿命与高收入者预期寿命的差距而减少，那么它就是相对公平的。实践中，美国做到了二者兼顾：一方面收缴工薪税，并追踪个人缴费记录；另一方面，采用累进性的收益计算办法，随着缴费增加，养老金的替代率下降。

除了代内再分配导致不同收入阶层的回报率产生差异外，个体间的收益率近似是一种理论上的理想状态。收益率近似符合公平理念，可能导致不同寿命群体的养老金实际收益的差距。收益率是根据预期寿命通过保险精算获得的，但是从历史上来说，社会经济地位高的群体比社会经济地位低的群体预期寿命更长。高收入群体的预期寿命更长（Kitagawa and Hauser，1973）[1]，他们获得更多的额外收益，但是缴费并不增加，而低收入群体的预期寿命较低并且预期寿命随着时间

---

　①　Kitagawa，E. M.，P. M. Hauser，1973，Differential Mortality in the United States：A Study in Socioeconomic Epidemiology. Cambridge，MA：Harvard University Press.

的推移提高较少。因此，预期寿命的差距潜在地影响养老金收入的累进性和长期支付能力。收益率个人精算平衡仅是理想状态而非现实可以实现的，也是不必实现的，因为收入再分配是养老保险的基本职能，而且每个个体的预期寿命是不确定的。

2.4.3　适度水平的公平——财政支付能力约束

养老保险制度的公平性以可持续发展为前提，养老保险的可持续，最终实际上就是养老保险的财务可持续。随着人口预期寿命延长、出生率下降及经济增速放缓，养老保险基金收支矛盾变得突出，养老保险基金可持续性面临挑战，这几乎是一个世界性问题。因此，养老保险制度需要系统性变革，而不是打补丁式的改革。一些国家早已开始延迟退休年龄、调整养老金待遇计算办法，以避免养老金待遇过于慷慨。事实上，超越经济发展阶段和发展水平的"公平"可能导致财政支付风险，而人口老龄化导致的支付负担的增加更是雪上加霜。因此，政府承担的社会保障责任要随着人口老龄化的发展和人口结构的变化与时俱进地进行调整。应完善社会保险基金预算决算制度，实现财政对社会保障投入的规范化和制度化。

2.4.4　与效率相统一的公平

养老保险公平是激励机制约束下的与效率相统一的公平。公平的养老保险制度不是绝对的平等，即人人享有等额的养老金的公平。养老保险的公平是既体现公平正义又满足公众差异化需求的相对公平，其能够通过建立多层次保障体系得以实现。具体而言，在组织方式上，要发挥政府的主体作用和市场的补充调节作用，构建基本养老保险、企（职）业年金、个人储蓄养老保险和商业保险相互补充的多层次养老保险体系。

在不同的制度条件、经济发展阶段、人口结构变化背景下，公平的意义和内涵是存在显著差异的。但是总体而言，基本养老保险保障的是老年人的基本生活，以基本生活为标准，以补偿性公平为原则。公平的基本养老保险应立足于满足老年人基本生存需要，是具有纯粹公共品性质的基本养老保障，是与保障对象能力无关、与缴费无关的达到规定年龄即可取得的基本物质生活支持。

更高水平的养老保障属于市场机制的作用范围，其分配必须服从市场规律，以竞争为导向，以贡献为标准，激励投资创业，遵循市场竞争机会均等的原则而非补偿性公平原则，以避免市场机制被扭曲、经济活力衰竭、国家竞争力下降。

可持续，就是要确保社保基金收支平衡，制度长期可持续运行与发展。随着人口老龄化的发展、人口预期寿命的延长，政府的社会养老保险责任必然重塑，要将政府养老保险的责任边界限定在财政能力以内，并建立社会保障财政投入与一般公共预算的防火墙。

第3章

养老金支付风险预测及延迟退休作用评估[①]

本章以 S 省为例，对养老金的支付风险及延迟退休的作用进行评估。在基准评估的基础上，进一步模拟不同的经济增长水平和人口预测方案下养老保险缺口的测算，并进一步模拟了延迟退休年龄对养老保险缺口的化解效应和对财政风险的控制效应。

3.1 引 言

在人口老龄化与经济增速放缓的双重影响下，我国各级政府正面临既要确保养老金财务可持续发展，又要为退休职工提供充足养老金的挑战。根据第六次全国人口普查数据：S 省 60 岁以上人口 411.8 万人，占总人口的比重为 11.53%；65 岁以上人口为 270.5 万人，占总人口的比重为 7.58%；60 岁老年抚养比为 16.16%；65 岁老年抚养比为 10.01%。虽然 S 省人口老龄化程度在全国排名倒数第七位，但是老龄化发展的速度快，老龄化加速趋势明显。根据我们的预测，到 2020 年，60 岁以上老年人口比重为 17.64%，增速较缓，但是由于劳动年龄人口增速下降，60 岁老年抚养比快速提高到 25.62%，65 岁老年抚养比为 15.92%。在老年人口高峰到来的 2030 年，60 岁以上老年人口的比重会快速上升到 25.38%，60 岁老年抚养比达到 40.67%，平均 2.5 个劳动年龄人口负担 1 位老年人口，65 岁老年抚养比为 25.25%，人口老龄化呈现加速态势。与此同时，

[①] 本章工作初步完成于 2016 年 10 月。

以能源、钢铁作为支柱产业的 S 省，受产业转型影响，经济增速放缓或将成为常态。2015 年，S 省的地区生产总值增速仅为 3.1%。经济增速放缓导致部分企业缴费困难，企业欠费攀升，养老金收入增速下降。S 省养老保险基金收入面临断崖式下滑风险。另外，基金支出由于人口老龄化及待遇水平连年提高呈现刚性增长势头，支出的增速快于收入的增速，养老金基金缺口或在不久的将来出现。2014 年，S 省养老保险基金结余超过 1100 亿元，是 9 个养老基金结余超过千亿的省份之一。2015 年基金结余由 2014 年的 1160 亿元上升到 1190 亿元，增速明显下滑，而当年结余 2015 年仅为 31.3 亿元。2011 年 7 月 1 日开始实施的《社会保险法》第十三条规定："基本养老保险基金支付不足时，政府给予补贴。"因此，按时足额发放退休职工养老金是政府的重要职责和任务。李克强总理 2016 年两会期间也强调"中央政府要监督养老金按时足额发放"。随着养老金缺口的隐现与扩大，各级政府养老金财政转移支付的压力倍增。自 1997 年我国实行"统账结合"企业职工养老保险制度改革以来，S 省财政多次在养老金发放困难时给予专项转移支付补贴，在全球经济危机爆发的 2008 年更是允许企业缓期缴费。然而，随着人口老龄化加速发展与经济发展步入新常态，我国养老保险制度缺乏顶层设计的问题凸显。层次单一，养老保险制度缴费与收益缺少精算平衡，缴费激励机制不健全，养老保险待遇条件失之于宽、待遇调整失之于行政化，法定退休年龄偏低等一系列问题导致财政需要对养老保险进行巨额补贴的风险逐步暴露，如果不改革养老保险制度，养老保险财务的风险必然转嫁给财政——社会保障的最后责任者。

我国的养老保险体系由企业职工基本养老保险、机关事业单位退休制度[①]、城乡居民养老保险构成。其中，企业职工基本养老保险改革较早，发展相对成熟。近年来，一些地区的企业职工养老保险支付缺口开始出现，甚至在一些地方出现了养老金发放困难的现象，引发了公众关于养老保险入不敷出的担忧，基本社会养老保险的公信力受到怀疑。众多学者对我国养老金缺口进行了测算，由于研究目的、测算方法、测算时长、缺口口径等不同，测算结果相去甚远，但是每个研究结果的公布，都会引起包括政府、学者及社会公众在内的全社会的关注和忧虑。因此，研究测算养老保险基金缺口，对调整养老保险制度结构与责任分担机制，合理划分养老保险政府、单位与个人的责任，化解养老金财政支付压力具有重要现实意义；也是适应人口老龄化与经济增速减缓及全球化的趋势，完善多层次、保基本、自平衡、反贫困、权责统一、公平、可持续的养老保险制度顶层

---

① 2014 年与城镇职工基本养老保险制度并轨。

设计的题中之义。

3.2　文　献　综　述

3.2.1　人口老龄化对经济社会的负面影响

人口老龄化对经济发展产生了一系列消极影响，对储蓄与消费、税收、投资、社会保障体系、劳动力市场及产业结构等形成冲击。从储蓄的角度看，凯利（Kelly，1976）[1] 认为人口结构变化改变了国民收入中消费和储蓄的分配比例。人口结构的转变是一个长期过程，它既包含了个体生命周期的变化，也反映了家庭的生命周期，也即某种代际交叠关系。

从个体生命周期来看，进入劳动就业年龄之后，个人储蓄变化呈现先上升后下降的过程。如果总人口中劳动年龄人口的比重大，那么这部分人口的个人储蓄增加将有助于提高储蓄率。同时，劳动年龄人口的赡养比相对较低，他们所承担的抚育和赡养等经济负担较轻，从而减少了家庭支出，提高了家庭储蓄。

从公共投资角度看，如果一个经济中老年抚养比不断增加，国民收入中用于非生产性的消费支出（如养老，老人的护理、医疗等）将会大幅度上升，用于生产性投资的公共投资比例将会减少，私人储蓄和公共投资的减少会导致总产出和人均国民收入增长速度下降，进而导致税收增速下降。彼德森（Peterson，1999）[2] 将人口老龄化带来的负面影响归纳为以下几个方面：（1）医疗成本惊人地上升给年轻一代带来巨大的医疗负担并导致财政缺口的出现，医疗保险负担沉重；（2）不断扩大的养老费用支出给年轻一代带来沉重的养老保险缴费负担并导致财政补贴和支付缺口的扩大，养老保险负担沉重；（3）老年人口的不断增加降低经济活力，整个社会生产性、创造性不足；（4）劳动力严重短缺带来经济总产出下降。

人口结构变化对经济增速的影响非常重要。实际上，收入水平、家庭规模、

---

① Kelly, Allen C., 1976, Saving, Demographic Changes and Economic Development, *Economic Development and Cultural Change*, 24, pp. 683 – 693.

② Perterson, Peter G., 1999, Gray Dawn: How the Coming Age Wave Will Transform American and the World, New York: Random House.

实际利率水平、人口年龄结构、金融市场的流动性和发达程度、宏观经济政策等都对家庭的储蓄和消费行为有重要的影响。莱夫（Leff，1969[1]，1971[2]）研究发现，人均收入水平、经济增速、少儿抚养比、老年赡养比、总抚养比对国民储蓄率均有显著影响。其他学者的研究也得出基本相似的结论（Ram，1982）[3]。经济持续、高质量发展是养老保险制度可持续发展的基础，经济新常态对养老保险制度为职工提供足额养老金与巩固财政支付能力双重目标的实现提出顶层设计要求。为满足养老金开支，如果企业和职工缴费率维持在一个偏高的水平，那么企业成本提高，在全球化背景下，企业的竞争力下降，进而对经济的发展产生进一步的不利影响。

3.2.2　养老保险财务可持续发展与养老金缺口

世界银行（World Bank，1994）[4] 对人口老龄化趋势及其对养老金收入和支出的测算分析应该是最具代表性和指引性的研究报告。欧盟委员会（2010）[5] 在其发布的《建立充足、可持续和安全的养老金系统》绿皮书中，再次提醒欧盟成员国面临老龄化和经济与金融危机挑战，提出了为实现养老金系统长期财务可持续发展必须要实施的改革。

关于我国社会养老保险是否存在支付缺口以及支付缺口的规模，相关的研究报告给出了不同的结论。根据人力资源和社会保障部的统计，2010 年若剔除财政补贴，上海、江苏、湖南等14 个省份和新疆生产建设兵团的基本养老保险基金当期征缴收入收不抵支，缺口高达 679 亿元[6]。森（Sin，2005）[7] 根据世界银行养老金改革相关资料模拟测算了 2001~2075 年中国养老金收支缺口，得出总

①　Leff, Nathaniel H., 1969, Dependency Rates and Savings Rate, *American Economic Review*, 59 (5), pp. 886 – 896.

②　Leff, Nathaniel H., 1971, Dependency Rates and Savings Rate: Reply, *American Economic Review*, 61 (3), pp. 476 – 480.

③　Ram, R., 1982, Dependency Rates and Aggregate Savings: A New International Gross-Section Study, *American Economic Review*, 72 (3), pp. 537 – 544.

④　World Bank, 1994, Averting the Old Age Crisis: Policies to Protect the Old and Promote Growth, New York: Oxford University Press, pp. 38 – 164.

⑤　European Commission, 2010, Green Paper, Towards Adequate, Sustainable and Safe European Pension Systems, Brussels: Luxembourg: Publications Office of the European Union.

⑥　郑秉文：《中国养老金发展报告2012》，经济管理出版社2012 年版。

⑦　Sin, Y., 2005, China Pension Liability and Reform Options for Old Age Insurance, World Bank WP, No. 2005 – 1.

缺口占 2001 年 GDP 的 95%。王晓军等（2013）[1]、刘学良（2014）[2] 对我国养老金支付缺口进行了测算。王晓军等采用现金流量法测算未来 50 年、75 年和 85 年内统筹账户累计缺口，该缺口分别达到 2011 年 GDP 的 24.88%、218.76% 和 364.31%。刘学良建立了养老保险精算评估模型，其测算结果显示 2010～2050 年养老保险资金缺口折现到 2010 年，总额可达 57.5 万亿元，相当于 2010 年 GDP 的 143%。而时任人力资源和社会保障部部长尹蔚民在 2013 年两会期间答记者问时表示，我国的企业职工养老金目前结余 2.3 万亿元，不存在养老金缺口问题[3]。由于缺口口径、测算目的、测算方法不同，测算得出的缺口相去甚远，但是关于养老金缺口的研究，一个基本一致的结论是：现行养老保险制度如果不进行改革，养老金财务终将不可持续。

3.2.3　养老保险财政风险化解

为了解决人口老龄化带来的社会经济问题，国家往往会增加财政支出的规模，调整财政支出的结构，将更多的资金投资于基础设施及社会保障[4]。人口老龄化的加剧和财政支出结构的调整无疑对财政养老金偿付风险产生影响。戴蒙德（2005）[5] 认为：人口老龄化一方面需要政府对养老保险参数及退休年龄做出调整，以减轻养老金支付给财政造成的巨大压力；另一方面，在老龄化社会，增加个人储蓄是应对老龄化的重要措施，未来养老金替代率的下降是老龄化的必然结果。向个人积累制养老保险模式转变、延迟退休年龄、促进经济发展并减少对劳动力市场的束缚、挖掘家庭养老多管齐下是解决我国养老压力、实现可持续发展的选择（蔡昉、孟昕，2003）[6]，34 个 OECD 国家近 5 年来进行了包括扩大覆盖面、保证养老金收入充足、改革养老金指数调整方法、激励职工留在劳动力市场等单项或多项综合改革，以实现养老保险财务可持续发展（OECD，2013）[7]。

---

① 王晓军等：《养老金支付缺口：口径、方法与测算分析》，载于《数量经济技术经济研究》2013 年第 11 期。

② 刘学良：《中国养老保险的收支缺口和可持续性分析》，载于《中国工业经济》2014 年第 9 期。

③ 《我国企业职工养老保险没有缺口》，搜狐网，http://roll.sohu.com/20130308/n368126023.shtml。

④ 刘穷志等：《人口老龄化、经济增长与财政政策》，载于《经济学（季刊）》2012 年第 10 期。

⑤ Diamond, P., 2005, Pensions for an Aging Population, NBER Working Paper, No. 11877.

⑥ 蔡昉、孟昕：《人口转变、体制转轨与养老模式的可持续性》，载于《比较》2003 年第 10 期。

⑦ OECD, 2013, Pension at a Glance 2013：OECD and G20 Indicators, OECD Publising.

3.2.4　文献述评

2011 年我国开始实施的《社会保险法》对社会保险制度提出了财务可持续发展的要求，但是在实践中并没有建立相应的财务风险管理系统。已有的研究集中于可持续发展问题与对策的讨论上，涉及的缺口测算基本上是国家层面的，而且未考虑我国经济发展进入新常态与二孩政策放开对生育率的影响。又由于各省份经济发展水平、人口老龄化程度与人口流动特征不同，养老金缺口规模省际差别很大。然而，目前尚缺乏文献对某一省的养老保险基金缺口进行测算与分析。

本章基于 S 省人口规模及结构变化趋势预测，测算 2011～2050 年 S 省城镇职工基本养老保险基金收支缺口及财政偿付能力，基准方案的测算结果显示：在 2019 年，养老金支出超过养老基金收入，养老基金出现当期缺口，养老基金缺口占当年 GDP 的比重是 0.02%，占财政收入的比重为 11%。养老基金当期缺口占 GDP 的比重从 2030 年的 3.35% 上升到 2050 年的 12.3%，占财政收入的比重从 15.24% 上升到 50%。累计结余在 2026 年开始出现缺口，缺口额为 256.38 亿元，之后，缺口快速增大，从 2030 年的 3919 亿元上升到 2050 年的 10.57 万亿元。2026 年、2030 年、2050 年累计缺口现值占 2011 年 GDP 的比重分别是 1.21%、14.98% 和 152.3%。本章进一步分析了制度、经济、人口因素对测算结果的影响，包括延迟退休年龄、GDP 增速放缓及提高全社会生育率对测算结果的影响。结果显示：延迟退休并未显著推迟养老金当期和累计缺口出现的时点，但随着时间的推移，延迟退休显著减少了缺口年份的养老保险基金缺口，表明延迟退休是一项缓解养老金支付危机的有力措施。经济增速变化对养老金缺口的影响比较温和，主要原因是 GDP 增速放缓后，养老金的增速相应放缓，养老金征缴收入由于职工工资收入增速的放缓也出现下降，但是总体上养老金征缴收入的降幅大于养老金支出的降幅，养老金缺口温和扩大。提高生育率对养老金缺口的影响与基准方案相比差异较小。可见，在人口老龄化总体格局已经确定的情况下，提高生育率对未来养老保险收支平衡的作用微乎其微。最后，本章还对制度、经济与人口多因素同时变化对养老基金缺口的影响进行了测算，发现低 GDP 增速假设下，延迟退休两方案 2050 年年度缺口分别降低 57% 与 48%，累计缺口分别降低 50% 与 52%。因此，在低 GDP 增速下，提高退休年龄同样对缓解养老金收支缺口、减轻财政养老保险支付压力有显著的作用。借鉴 OECD 人口老龄化与经济增速放缓背景下养老保险制度改革的经验，我们认为：政府应适时调整养老保险体制机制，调整政府、单位、个人养老保险责任分担机制，增加个人养老保险责任，建立缴费与退休金保险精算平衡的激励机制，对养老金收入征税，延迟淡化退休年龄甚至取消退休年龄，实现基础养老金全国统筹，以实现养老保险基金可持续发展并化解养老金财政偿付风险。

3.3　制度背景

当前，我国养老保险制度体系包括城镇职工基本养老保险、城乡居民养老保险。其中城镇职工基本养老保险包括企业职工养老保险和机关事业单位退休制度，城乡居民养老保险由新型农村养老保险和城镇居民养老保险于 2014 年合并形成。城镇企业职工养老保险始于 20 世纪 80 年代中后期，经历了近几十年的发展、改革，不断完善，但仍面临人口老龄化和经济增速放缓导致的财务不可持续性的严峻挑战。机关事业单位养老保险于 2008 年在 S、上海、重庆等几省市试点，但改革未取得突破。2015 年，机关事业单位养老保险与城镇职工养老保险的并轨改革掀开养老保险制度改革的新篇章。新型农村养老保险（新农保）2009年开始试点，城镇居民养老保险（城居保）则在 2011 年开始建立。2014 年，新农保与城居保并轨为城乡居民养老保险，这两项制度建立较晚，发展相对滞后。截至 2014 年底，全国城镇职工基本养老保险、城乡居民养老保险的参保人数分别达 3.4 亿人和 5.0 亿人，占 16 岁以上人口的 74.4 %。其中，城镇职工参保缴费者占城镇就业人口的 87%[1]，城镇职工养老金待遇领取人数为 0.86 亿人，比2011 年增加 0.177 亿人，城镇职工养老保险待遇领取者占参保人口比重达27.3%，比 2011 年提高了 3 个多百分点[2]。从总体上看，养老保险覆盖面已达到较高水平，但离养老保险的全覆盖目标仍有差距，养老金领取者占参保人口的比重随人口老龄化发展呈现快速攀升态势。

S 省基本养老保险制度经过近 30 年的改革、发展、完善，从覆盖部分群体到实现全覆盖，从制度碎片化到致力于制度间整合，养老金水平不断提高，为实现公平可持续发展养老保险不断探索，赢得了民众的信任和认可。

---

① 该计算并未将农民工计算在内，根据《2014 年度人力资源与社会保障事业发展统计公报》，2014年参加基本养老保险的农民工为 0.547 亿人。《2014 年农民工监测调查报告》显示，农民工超过 2.7 亿人，如果考虑该部分人群，该比率仅为 46.48%。

② 相关数据根据《2014 年度人力资源与社会保障事业发展统计公报》《2014 年国民经济和社会事业发展统计公报》计算获得。

3.3.1 S省养老保险制度改革历程

纵观S省养老保险制度的建立与发展,其与经济社会发展水平、人口老龄化程度以及经济改革紧密相连。

1. 传统养老保险制度改革探索阶段（1985~1991年）

1985年,S省企业职工退休费用社会统筹在D市、Y市试点,拉开了全省企业职工养老保险制度改革的序幕。1986年,按照《国务院关于发布改革劳动制度四个规定的通知》的规定,S省的企业职工社会养老保险制度首先在国有企业城镇劳动合同制工人中建立,实现了企业保险向社会保险的转变。彼时的企业养老保险制度是现收现付、政府负责、受益确定的单一模式。1991年,按照《国务院关于企业职工养老保险制度改革的决定》的规定,S省在全省范围内实行了个人缴费制度,形成了国家、企业和个人多元的筹资机制,同时提出了逐步建立基本养老保险、补充养老保险和个人储蓄养老保险相结合的制度,以应对人口结构的变化和职工提前退休造成的养老保险基金支出快速增长问题。以此为依据,一些大型企业开始建立补充养老保险制度,拉开了我国社会养老保险制度改革的序幕,明确了养老保险改革的方向。

2. "统账结合"养老保险制度构建阶段（1992~1999年）

1995年,S省按照《国务院关于深化企业养老保险制度改革的通知》的规定,建立了"统账结合"的制度,逐步提高个人缴费比率,同时强调控制基本养老保险收缴比例和养老金发放水平,减轻企业和国家负担。1997年7月1日,按照《国务院关于建立统一的企业职工基本养老保险制度的决定》的规定,S省政府下发了《关于贯彻〈国务院关于建立统一的企业职工基本养老保险制度的决定〉的实施意见》,全省按本人缴费工资11%的数额统一为职工建立基本养老保险个人账户,职工个人缴费全部计入个人账户,其余部分从企业缴费中划入,初步建立了统一的企业职工基本养老保险制度。该制度在基本养老保险基金的筹集上采用传统的基本养老保险费用筹资模式,由国家、企业、个人共同负担;基本养老保险基金实行社会互济;在基本养老金计发上强调个人账户养老金的激励因素和劳动贡献差别。1998年S省又进一步统一了企业职工基本养老金的计发办法,顺利实现了行业统筹与地方的接轨,《国务院关于实行企业职工基本养老保险省级统筹和行业统筹移交地方管理有关问题的通知》规定,从1998年9月1

日起，实行基本养老保险行业统筹企业的基本养老保险工作，按照先移交后调整的原则，全部移交省、区、市管理。S 省克服困难，科学合理地解决了一系列敏感问题，实现了行业统筹移交地方管理的平稳、顺利接轨。

总体上，这一阶段养老保险制度改革主要是配合国有企业改革和计划经济体制向市场经济体制过渡，建立的"统账结合"的养老保险制度在理论上兼顾了效率和公平，具有科学性与合理性。

3. 做实个人账户、强化缴费激励约束机制阶段（2000～2008 年）

在实践中，统筹账户基金不足导致个人账户积累被用于支付基础养老金，使个人账户"空账"问题出现。为解决"空账"问题，规范养老保险制度，在 2000 年做实个人账户在东北三省试点的基础上，国务院发布了《关于完善企业职工基本养老保险制度的决定》，S 省下发了《S 省人民政府关于贯彻国务院完善企业职工基本养老保险制度决定的实施意见》，要求逐步做实个人账户，提高养老保险统筹层次并改革养老金计发办法，强化多缴长缴多得的激励约束机制。经国务院批准，S 省被列为全国 8 个首批做实基本养老保险个人账户的试点省份之一，从 2006 年 1 月 1 日起，按 3% 比例逐步做实个人账户，做实比例逐年提高。S 省还在 2004 年统一了缴费比例和基数，统一了统筹项目；2006 年统一了养老保险待遇计发办法；2007 年统一了规范业务经办规程，逐步基本实现省级统筹。

4. 统筹城乡发展与制度整合新阶段（2009 年至今）

在经济转型过程中，我国养老保险体系建设遵循先城市后农村的改革路径。虽然改革开放以来进行过各种试点和推广改革，但是效果并不好。2002 年 11 月，党的十六大报告中提出：有条件的地方，探索建立农村养老保险制度。这一时期，我国人口老龄化问题开始显现，2003 年农村老年人口占全国老年人口的 61.36%。2008 年，《中共中央关于推进农村改革发展若干重大问题的决定》中第一次正式提出"新型农村社会养老保险"的概念。2009 年国务院发布《关于开展新型农村社会养老保险试点的指导意见》，根据该《意见》，S 省下发了《S 省人民政府关于开展新型农村社会养老保险试点的实施意见》，在 22 个县（市、区）率先启动新农保试点工作。2011 年，根据《国务院关于开展城镇居民社会养老保险试点指导意见》的精神，S 省下发了《S 省人民政府关于开展城镇居民社会养老保险试点的实施意见》，开展城镇居民社会养老保险，并且在 2012 年实现城镇居民养老保险全覆盖。2014 年，根据《国务院关于建立统一的城乡居民养老保险制度的意见》的精神，S 省下发了《S 省人民政府关于建立统一的城乡居民基本养老保险制度的实施意见》，在新型农村养老保险与城镇居民社会养老保险全覆盖的基础上，将新农保和城居保两项制度合并实施，建立了全省统一的城乡居民基本养老保险制度。此外，制度整合也在进行中，相较于企业职工基本养老保险，事业单位退休制度自20世纪80年代以后一直未进行卓有成效的改革，退休金由财政拨款或者单位自筹解决，按不同工作年限分段计发。2008年，根据《事业单位工作人员养老保险制度改革试点方案》，曾确定在S省先期开展事业单位工作人员养老保险制度改革试点，与事业单位分类改革配套进行，事业单位养老保险制度改革与企业基本一致。为统筹城乡社会保障体系建设，建设更加公平、可持续的养老保险制度，推进S省机关事业单位养老保险制度改革，根据《国务院关于机关事业单位工作人员养老保险制度改革的决定》及《国务院办公厅关于印发机关事业单位职业年金办法的通知》等文件的精神，S省结合实际，制定了《S省机关事业单位工作人员养老保险制度改革实施办法》。机关事业单位养老保险制度改革事关制度整合，同时也是缩小不同人群养老金差异的重要举措，是延迟退休年龄的前提条件，也是实现劳动力资源在劳动力市场自由流动的保证，这项改革的成败事关我国养老保险制度顶层设计的成功。

3.3.2 S省养老保险制度改革成效

1. 制度框架初步形成

"十二五"时期全面建立了城镇居民养老保险、新型农村养老保险，其与基本职工养老保险、事业单位退休制度共同构建了覆盖全民的养老保险制度体系。其与其他社会保险、社会救助、社会福利和慈善事业相衔接，形成了涵盖各类人群、针对各类基本需求的社会保障总体框架，发挥了促进社会公平和保障国家长治久安的作用。

2. 体制机制不断完善

2014年机关事业单位养老保险制度改革，开启了养老保险"并轨"改革的新时代，是进一步缩小不同群体间养老保险待遇水平差距的破冰之旅，虽然改革难度较大，但改革有条不紊地进行。S省已经推出《机关事业单位养老保险改革的具体实施方案》，不同性质单位基本制度安排的"双轨制"问题基本解决，劳动力在机关事业单位与企业间的自由流动成为可能。新型农村养老保险制度和城镇居民基本养老保险整合为城乡基本养老保险，为进一步提高基本养老保险统筹层次、缩小城乡养老待遇差距打下了良好基础，为养老保险关系转移接续创造了条件。

养老保险制度在改革过程中，逐渐改变依靠政府和单位的传统保障观念，引入了政府、单位、个人分担的多渠道筹资机制，实现了向社会化的责任分担制度的转变，体现了权利与义务、公平与效率的统一，拓宽了养老保险资金的来源，为养老保险正常运转奠定了基础。

3. 覆盖范围不断扩大，基金支付能力短期提高

截至 2014 年底，S 省城镇职工基本养老保险参保人数达 692.03 万人，其中离退休人数为 190.9 万人，占参保人数的 27.59%。2004 年基本养老保险参保人数为 445 万人，其中离退休人数 104 万人，占参保人数的 23.37%。参保人数稳步上升，同时参保人员中退休人员的比重上升趋势明显，老年赡养比提高。全省新型农村社会养老保险参保人数达到 1443.96 万人，比 2010 年底增加 193.55%。全省城镇居民养老保险参保人数达到 93.44 万人，比建立之初的 2012 年增加 10.61%。养老保险参保人数占 15 岁以上人口 72.49%。基本养老保险基金规模持续增长，以企业职工养老保险为例，基金收入从 2000 年的 53.87 亿元增长到 2012 年最高值 602.26 亿元，其后 2013 年出现小幅下降，2014 年重新上升到 580.56 亿元，基金支出与当年结余总体呈现上升趋势，但是 2013 年出现拐点，2014 年小幅回升，累计结余持续提高，但增速呈明显下降趋势。总体上，短期支付能力较强，但是从趋势来看，未来偿付风险较大（见表 3 - 1、表 3 - 2、表 3 - 3）。

表 3 - 1　　　　　　　　养老保险在职参保人数及待遇领取人数

项目	2005年	2006年	2007年	2008年	2009年	2010年	2011年	2012年	2013年	2014年
总参保人数（万人）	463	487	507	539	564	591	624	649	672	692
同比增速（%）	4	5	4	6	5	5	6	4	4	3
在职参保人数（万人）	354	374	386	411	427	444	465	480	492	501
同比增速（%）	4	6	3	6	4	4	5	3	3	2
其中：										
企业（万人）	285	302	311	337	350	364	383	398	409	418
同比增速（%）	1	6	3	8	4	4	5	4	3	2
机关事业单位（万人）	178	184	196	203	214	227	241	251	264	274
同比增速（%）	10	3	6	4	5	6	6	4	5	4

续表

项目	2005年	2006年	2007年	2008年	2009年	2010年	2011年	2012年	2013年	2014年
总待遇领取人数（万人）	109	113	121	128	137	147	159	169	181	191
同比增速（%）	5	3	7	6	7	8	8	6	7	6
其中：										
企业（万人）	93	98	102	108	114	121	131	141	151	161
同比增速（%）	0	5	4	6	6	6	8	8	7	7
机关事业单位（万人）	16	15	19	20	23	26	28	28	30	30
同比增速（%）	54	−10	30	8	11	15	9	−2	7	0

资料来源：历年《S省人力资源和社会保障统计摘要》及作者计算。

表 3－2　　　　　　　城镇职工养老保险基金情况

年份	基金收入（亿元）	同比增速（%）	基金支出（亿元）	同比增速（%）	当年结余（亿元）	累计结余（亿元）	同比增速（%）
2006	188.57	—	113.43	—	75.14	214.20	—
2007	213.56	13	150.22	32	63.34	291.68	36
2008	289.78	36	190.71	27	99.07	390.77	34
2009	332.59	15	221.06	16	111.53	502.29	29
2010	405.39	22	270.41	22	134.96	637.30	27
2011	573.71	42	419.18	55	154.53	791.78	24
2012	666.94	16	495.47	18	171.47	963.31	22
2013	639.04	−4	477.80	−4	161.24	1124.79	17
2014	663.91	4	555.92	16	107.99	1232.78	10

资料来源：历年《S省人力资源和社会保障统计摘要》及作者计算。

表 3－3　　　　　　　城镇企业职工养老保险基金情况

年份	基金收入（亿元）	同比增速（%）	征缴收入（亿元）	基金支出（亿元）	同比增速（%）	当年结余（亿元）	累计结余（亿元）	同比增速（%）	累计结余扣除财政补贴（亿元）
2000	53.87	—	38.13	50.62	—	3.25	19.67	—	5.15
2001	58.05	8	43.45	51.22	1	6.83	26.50	35	11.34

续表

年份	基金收入 （亿元）	同比增速 （%）	征缴收入 （亿元）	基金支出 （亿元）	同比增速 （%）	当年结余 （亿元）	累计结余 （亿元）	同比增速 （%）	累计结余扣除 财政补贴 （亿元）
2002	75.91	31	52.76	60.32	18	15.59	42.90	62	25.58
2003	86.27	14	63.29	65.18	8	21.09	63.18	47	43.63
2004	109.30	27	84.90	76.30	17	33.00	103.40	64	83.16
2005	118.90	9	93.48	78.37	3	40.53	132.89	29	111.99
2006	168.93	42	120.97	96.78	23	72.15	197.10	48	162.06
2007	203.67	21	156.44	126.11	30	77.56	270.81	37	227.09
2008	253.97	25	183.97	159.34	26	94.63	365.46	35	307.64
2009	290.34	14	224.02	184.25	16	106.09	471.54	29	412.21
2010	351.73	21	263.80	226.81	23	124.92	601.89	28	526.26
2011	516.78	47	387.59	367.39	62	149.40	751.29	25	—
2012	602.26	17	451.70	437.23	19	165.03	916.32	22	—
2013	563.50	−6	422.63	411.31	−6	152.20	1068.51	17	—
2014	580.56	3	435.42	480.56	17	100.01	1168.52	9	—

注：" 累计结余扣除财政补贴 " = 累计结余 − 财政补贴，为作者计算数值，财政补贴数据来源于《2001 ~ 2010 年 S 省企业养老保险统计年鉴》。

资料来源：历年《S 省人力资源和社会保障统计摘要》及作者计算。

4. 养老金待遇水平不断提高

2005 年以来，按照国务院部署，企业退休人员养老金实现了 11 连增，年均增长超过 10%，企业职工基本养老保险基本养老金月平均水平 2014 年达到 2391 元，是 2010 年的 1.63 倍，2005 年的 3.66 倍。养老金替代率为 53.6%，养老保险当期发放无拖欠，确保了城镇退休职工基本生活。城乡居民养老保险待遇月均水平由 55 元上调至 2014 年的 70 元。

此外，S 省还专门安排专项转移支付资金对财政困难地区和老工业基地给予支持，养老保险财政补贴占 GDP 的比重由 2009 年的 3.01% 上升到 2014 年的 4.61%（见表 3 − 4）。

表 3 - 4　　　　　　　　　S 省养老保险支出占 GDP 比重

年份	城镇职工基本养老保险支出 （亿元）	城乡居民养老保险支出 （亿元）	养老保险总支出 （亿元）	占 GDP 比重 （%）
2009	221.06	0.40	221.46	3.01
2010	270.41	6.45	276.86	3.05
2011	419.18	11.93	431.11	3.88
2012	495.47	22.09	517.56	4.27
2013	477.80	29.89	507.69	4.03
2014	555.92	32.80	588.72	4.61

注：2009 年"城乡居民养老保险支出"项目采用的是新农保基金支出数据，2010～2014 年"城乡居民养老保险支出"项目采用的是新农保基金支出与城镇居民养老保险基金支出数据之和。

3.3.3　S 省养老保险可持续发展面临的问题

1. 制度过分依赖财政，养老保险财务可持续性差

2011 年 7 月 1 日开始实施的《社会保险法》规定，基本养老保险基金出现支付不足时，政府给予补贴，从法律层面明确了养老保险财政兜底责任。这一方面体现了政府承担民生责任的决心，但是另一方面，财政责任也因人口老龄化和基金收入断崖式下滑而遭遇财务可持续危机。就企业职工基本养老保险而言，由于我国多层次养老保险体系尚未建立，基本养老金收入几乎是退休职工的全部收入来源，随着人口老龄化的发展，退休人员快速增长，S 省 2014 年企业退休职工比例比 2010 年上升了 3.38 个百分点，而且这一比重还将以更快的速度提高。取之者众，供之者寡，养老保险的负担落到了缴费一代，违背代际公平。当工作人口因人口老龄化下降时，基金收入下降，养老保险基金将面临收不抵支风险，财政作为最后的责任承担者，风险加剧。就新型农村养老保险与城镇居民养老保险而言，制度的最大特色是政府对参保的城乡居民在筹资端和待遇发放端给予财政补贴。政府对符合条件的参保人全额支付新农保基础养老金，其中中央财政对中西部地区按中央确定的基本养老金标准给予全额补助，对东部地区给予 50% 的补助，在筹资环节，地方政府根据农村居民缴费档次每人每年给予不低于 30 元的补贴。随着这两项制度覆盖范围的扩大和待遇水平的提高，财政补贴规模继续上升（见表 3 - 5、图 3 - 1），制度的财务可持续性因财政补贴责任而弱化。

表 3 – 5　　　　　　　历年财政对基本养老保险专项转移支付基金情况

年份	中央财政补贴 （万元）	地方财政补贴 （万元）	各级财政补贴合计 （万元）	中央财政补贴占比 （％）
1998	5400	2257	7657	71
1999	65589	6908	72497	90
2000	139113	6123	145236	96
2001	143031	8543	151574	94
2002	163247	9966	173213	94
2003	180247	15270	195517	92
2004	189387	13041	202428	94
2005	196727	12253	208980	94
2006	326347	24008	350355	93
2007	369391	67834	437225	84
2008	503480	75995	578213	87
2009	534238	58788	593281	90
2010	705947	50373	756320	93

资料来源：《2001～2010 年 S 省企业养老保险统计年鉴》。

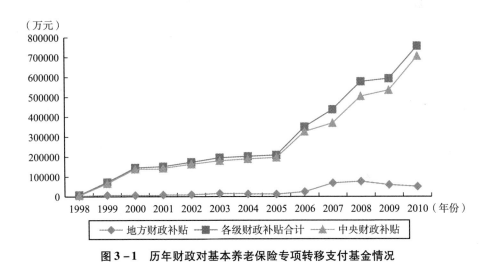

图 3 – 1　历年财政对基本养老保险专项转移支付基金情况

此外，S 省财政厅 2001 年为确保企业养老金及时足额发放，印发了《关于拨付财政养老保险基金补助专项转移支付资金的通知》，此项资金是省财政补助各地市财政的资金，共计 5201 万元；2002 年为调整部分退休人员基本养老金提供财政支持，同年下拨资金 13700 万元，保证离退休人员增资和养老金发放；2003 年，为实现不拖欠目标，财政厅、劳动和社会保障厅印发《关于下达对地市基本养老保险专项转移支付资金的通知》，将 137947 万元专项资金拨付各市；在全球爆发金融危机的 2009 年，为贯彻省社保厅、财政厅《关于采取积极措施减缓企业负担稳定就业局势有关问题的通知》的文件精神，省养老保险管理服务中心与 S 铝厂等三户企业签订缓交 2009 年养老保险协议，缓交养老保险费超亿元。可以说，财政在维持养老保险制度正常运营，维护制度公信力和支付能力方面发挥了决定性作用。然而，在人口老龄化与经济整体下滑趋势下，如果财政对养老保险补贴不设"隔离墙"，养老金支付财务风险可能引发财政风险。

2. 养老保险缺乏顶层设计致使多层次养老保险体制框架难以建立

我国养老保险的主体部分企业职工基本养老保险也赋予了企业较多社会责任与使命。养老保险制度改革的动因是基于配合国有企业改革进行的，是国有企业改革的配套部分，这决定了我国养老保险制度改革先天不足，缺少顶层设计和长期可持续发展理念。当前，城镇企业职工养老保险制度实行现收现付、部分积累的基本养老保险模式，社会统筹实行现收现付，个人账户实行基金积累。按照国际通用的现收现付模式费率的计算公式：缴费率 = 替代率 × 赡养比，假设基础养老金替代率为 30%[1]，按现行制度赡养比 1∶3 计算，企业职工养老保险统筹基金缴费率应为 10%。"统账结合"养老保险制度改革，改革的成本（"老人"养老金和"中人"的过渡性养老金之和）本应由政府全部承担，但在实际运作中企业却承担了相当部分的缴费责任，致使目前企业缴费率高达 20%，提高了企业经营成本，极大地影响了企业的雇佣成本和生存发展能力及国际竞争力，企业的经营反过来影响基金的稳定性和可持续发展。并且，在缴费征管及监管不严的情况下，企业逃费、欠费、避费现象普遍，企业间社保缴费负担不均，目前 20% 的职工基本养老保险缴费率总体偏高，降低了企业建立企业年金制度的可能性和积极性。

企业年金作为基本养老保险的第二层次，由于具体实施缺乏政策支持，进展缓慢。2005 年，为加快建立多层次养老保险体系，从根本上解决企业职工退休后待遇偏低的状况，S 省全面启动企业年金制度。企业年金费用由单位和个人共

---

① 缴费工资为职工平均工资，缴费年限为 30 年。

同缴纳，全部划归个人账户。其中，企业缴费每年不超过本企业上年度职工月工资，企业和职工个人缴费合计不超过两个月的工资。职工达到国家规定退休年龄，可从个人账户中一次性或定期领取企业年金，直到支付完毕。2006 年，当时的省劳动部门确定了 20 家省属企业作为建立企业年金首批试点单位，但是非国有企业基本缺乏建立企业年金的能力。企业年金作为基本养老保险的补充，其作用基本没有得到发挥，而第三层次个人储蓄养老保险尚未提上日程。

3. 养老金精算平衡和激励约束机制尚待建立与强化

首先，目前我国企业职工基本养老保险由基础养老金与个人账户养老金两部分构成，基础养老金由社会平均工资和个人指数化工资及缴费年限决定。养老金与个人指数化工资微弱关联，个人缴费满 15 年可以获得领取基础养老金资格。基础养老金待遇领取资格年限偏低激励理性个人缴满 15 年即断缴，而且在过去 11 年，养老金待遇调整带有较强的行政性色彩，缴费与收益水平间关联性较差，基于老龄化与可持续理念的精算平衡缺乏，权利与责任不对称。

其次，人口老龄化对缴费者形成负向缴费激励。养老保险制度是在国家强制力保证下实施的代际养老契约，即年轻的一代人必须缴费养活年老的一代人，代代相传，但是前提是人口增长率与经济增长率基本一致。当人口老龄化快速发展时，人们发现即使这一制度由国家担保，但因为缴费的人越来越少，领取养老金的人越来越多，未来养老金基金可能亏空，因此当下年轻一代从心理上对制度失去信心，政府主导的养老保险制度的公信力也会受到影响。个人理性的选择是尽量缩短缴费年限，想方设法绕过制度，提前退休领取养老金，西方国家自 20 世纪八九十年代以来劳动参与率的下降也印证了老龄化降低劳动参与率。

再次，养老金替代率高也是影响缴费积极性的因素。虽然有学者研究认为我国养老保险替代率低于国际劳工组织维持基本生活水平的 55%，然而事实上，我国事业单位职工养老金替代率高达 90% 以上，企业单位养老金替代率 2014 年达 67%。与其他国家相比，甚至是与 OECD 发达国家相比，中国基本养老金水平偏高是一个不争的事实。更为不合理的现象是在职职工工资水平与退休金倒挂，一些困难企业职工在职收入低，退休后因为部分养老金与社会平均工资挂钩，加之养老金 11 连增，导致其退休金收入高于退休前收入，基本养老保险保障民众退休后基本生活水平的原则被忽视，而代际收入分配的不公平通过加重工作一代的养老负担和成本而影响就业，工作一代缴费积极性严重受挫。

最后，个人账户"空账"问题不解决，长缴多得激励机制难以建立。虽然 2000 年在东北三省试点做实个人账户，但是由于统筹基金不足以支付基础养老金，个人账户基金做实存入银行或购买政府债券，贬值风险显而易见，理性选择是将个人账户基金用于基础养老金的支付，个人账户仍为"空账"，个人账户基金投资收益率低及"空账"事实进一步动摇缴费者对养老保险制度的信心。

4. 制度统一性、规范性不足导致统筹层次难以提高

S省虽然已经建立起覆盖城乡的养老保险制度体系，正在进行城乡居民养老保险制度整合及机关事业单位养老保险与企业职工养老保险并轨，但是制度的统一性和规范性仍有待提高。首先，制度统筹层次尚未实现省级统筹。《中共中央关于全面深化改革若干重大问题的决定》提出基础养老金全国统筹。养老保险统筹层次决定着制度统一性、公平性和可持续性，统筹层次越高，养老保险互济性越强。统筹层次也直接反映制度运行的管理本位与责任本位。因此，统筹层次问题是养老保险制度的根本性问题。早在1991年国务院发布的《关于企业职工养老保险制度改革的决定》中就首次提及了提高养老保险统筹层次问题。1997年国务院发布的《关于建立统一的企业职工基本养老保险制度的决定》中再次要求各地逐步由县级统筹向省或省授权的地区统筹过渡，但地方统筹提升到省级统筹的工作却进展缓慢。2007年1月，劳动保障部、财政部印发《关于推进企业职工基本养老保险省级统筹有关问题的通知》，正式明确省级统筹是指在制度政策、缴费比例、待遇计发办法、基金使用、基金预算、业务规程六个方面实现省级统一，其核心内容是实行省一级统收统支。S省2010年企业职工养老保险省级统筹制度达到人社部的"六统一"标准，并通过了人社部验收。然而，真正意义上的省级统筹并未实现，建立的省级统筹调剂基金，只是少部分资金实现统筹调剂，绝大部分资金仍然留在地市县。统筹层次低降低了基金使用效率，提高了基金缺口风险。然而，养老保险制度目前"三足鼎立"，不同制度的筹资模式、待遇计发办法、管理运营与监督仍存在较大差异，养老保险不能转移接续，劳动力地区与行业间自由流动均受到影响。

其次，事业单位养老保险制度改革滞后影响养老保险制度的公平性。长期以来，事业单位职工无须缴费却享受90%以上的工资替代率，企业单位职工虽然缴费但退休金替代率却远低于事业单位职工。

最后，农民工群体因收入较低、流动性大而难以被职工养老保险所覆盖，即使他们参加了城镇职工养老保险，但当他们年老返乡时，如果累计缴费未满15年，也就失去了领取基础养老金的资格，只能领取个人账户养老金。事实上养老保险作为一个促进社会公平的收入分配手段，本身就应该是公平的，如果不同群体实行不同的养老保险制度，而且这种制度存在财政逆向再分配特征，反而

扩大了不同群体间的收入差距，群体间进行攀比就会引发社会矛盾，进而影响制度的可持续发展。

5. 退休年龄偏低导致养老保险财务不可持续

现收现付养老保险制度参数包括缴费率、老年抚养比和替代率。随着人口老龄化加剧，老年抚养比不断上升，如果缴费率和替代率参数不做调整①，养老保险基金危机就有爆发的风险。首先，我国退休年龄偏低，2017 年我国人口预期寿命已经达到 76.7 岁，法定退休年龄应根据预期寿命变化适时进行调整。退休年龄成为影响养老金负担水平的一个重要因素，随着人口预期寿命的延长，退休年龄越低意味着领取养老金的时间越长，对于支付养老基金的需求就会越多。其次，基于制度对特殊工种、病退等的特殊规定，低于法定退休年龄内退、早退现象也较多见。S 省实际平均退休年龄男性为 58 岁，女性为 53 岁。最后，男性与女性之间存在退休金逆向再分配问题。女性平均寿命高于男性 4 岁，但是法定退休年龄比男性低 10 岁，所以女性比男性享受更多年限的养老金。综上，退休年龄是关系到养老保险制度能否正常运行的关键因素。

随着社会经济发展和人民生活水平的不断提高，人口预期寿命逐渐延长，现行的退休年龄规定已越来越不适应养老保险制度可持续发展的需要，延迟退休应冲破阻力，尽早推出方案，为政策实施留出缓冲期。

6. 经济与人口的非良性互动影响养老保险财务可持续

相较于养老保险制度本身存在的问题，经济与人口约束则是养老保险制度可持续发展的外在影响因素。

全球化时代，人口红利消失意味着依靠低成本扩张的竞争优势成为历史。人口老龄化带来了养老—发展矛盾。人口老龄化意味着劳动力年龄结构老化，如果劳动生产率得不到提高，维持原有的养老保险制度将不可避免地导致经济增速放缓，反过来，养老保险可持续发展面临更大的困难。具体表现为：由于经济增长缓慢甚至出现负增长，养老保险的基金收入将会因失业造成缴费人数减少而减少，而养老保险基金支出因为其刚性特征，其规模只会越来越大，基金缺口出现。如果经济增速减缓是一种常态，养老保险基金必然难以为继。

---

① 我国企业职工养老保险缴费率共计 28%，没有提升空间，而养老金制度替代率下降从养老保险"刚性"特征来讲，基本也是行不通的。

3.4 S省养老基金可持续性模拟测算

本部分首先构建了S省总体人口预测模型，得出了S省人口预测结果并对其进行了分析。其后根据人口预测结果，建立了养老保险收支预测模型，在确定养老基金"缺口"口径和评估假设的基础上，采用现金流量法对2011～2050年养老基金收支缺口进行了测算，并通过人口、经济和养老保险制度单因素敏感分析与多因素情景分析对测算结果进行了分析：包括延迟退休、经济增速放缓和人口预测高方案对测算结果的影响。本部分还测算了机关事业单位、城乡居民养老保险的财政负担。

3.4.1 人口规模和结构预测

1. 构建人口预测模型

我们根据研究的目的，假设期末人口数 = 期初人口数 + 本期出生人数 − 本期死亡人数 + 净迁移人数，通过依据基期（2010年）S省人口普查数据，结合联合国生命表、基期分年龄生育模式、基期分年龄迁移模式，并通过设定预期寿命、生育水平、出生性别比、迁移水平等参数，预测2011～2050年城市、镇、乡村人口总量，分年龄人口数，分性别人口数以及人口出生数及死亡数等数据。

本书在预测时使用中国人口与发展研究中心开发的"人口宏观管理与决策信息系统"（PADIS）软件，该软件在进行人口预测时，采用了分要素人口预测模型、多维家庭人口预测模型、微观仿真人口预测模型、多区域人口情景模型，提高了预测因素的多元化和模型精确度。

2. 参数设定与说明

（1）预期寿命。

根据S省人民政府网站上公布的2010年城市、镇、乡村的预期寿命值，并参照联合国年平均预期寿命的增加值，我们确定了城市、镇、乡村每年分性别平均预期寿命。表3－6为主要年份人口平均预期寿命。

表 3 - 6　　　　　　　　　分城乡、性别人口平均预期寿命　　　　　　　　　单位：岁

群体	性别	2010 年	2020 年	2030 年	2040 年	2050 年
城市	男	76.63	76.71	76.79	76.87	76.95
	女	81.07	81.35	81.63	81.91	82.19
镇	男	73.63	74.03	74.43	74.83	75.23
	女	78.02	78.42	78.82	79.22	79.62
农村	男	71.06	71.96	72.41	72.81	73.21
	女	75.76	77.16	77.93	78.43	78.93

（2）生育水平。

生育水平即总和生育率。2010 年 S 省第六次人口普查数据显示，城市、镇、乡村的总和生育率分别为 848.4‰、1082.4‰、1256.7‰。由于计划生育政策的实施和调整，人为的政策因素成为影响中国人口生育率的最主要的因素，而欧美国家生育率呈现下降趋势的主要原因是人们家庭观念的改变以及节育手段的普及。为此，参照联合国总和生育率经验步长的变化趋势，考虑国家二孩政策放开，但是鼓励生育效果一般，人们的生育意愿并未明显增加，我们设计了中方案。同时，考虑到国家二孩政策的放开，鼓励生育效果显著，人们的生育意愿有了明显提高，预计未来生育水平将会提高，我们设定了高生育方案。表 3 - 7 为主要年份生育率数值。

表 3 - 7　　　　　　　　　　分城乡、年份生育率方案

年份	中方案			高方案		
	城市	镇	农村	城市	镇	农村
2010	0.848	1.082	1.257	0.848	1.082	1.257
2020	0.908	1.142	1.317	1.308	1.542	1.717
2030	0.958	1.192	1.367	1.458	1.692	1.867
2040	0.998	1.232	1.407	1.498	1.732	1.907
2050	1.028	1.262	1.437	1.528	1.762	1.937

（3）出生性别比。

S 省第六次人口普查数据显示，2010 年城市、镇、乡村的出生性别比分别为 112.61、116.94、111.80。受生育政策的影响，我国出生性别比持续偏高，假设

国家人口政策是一个逐步调整的过程，未来出生性别比将逐渐恢复到正常值
106，同时，2005 年全国 5% 抽样调查数据中 S 省出生性别比城市、镇、乡村的数
据分别为 111.63、119.16、117.86。根据 2005～2010 年 5 年城市、镇、乡村出
生性别比平均变化值，我们设定了每年的出生性别比，具体如表 3 – 8 所示。

表 3 – 8 分城乡出生性别比

群体	2010 年	2020 年	2030 年	2040 年	2050 年
城市	112.61	108.61	106.00	106.00	106.00
镇	116.94	112.94	108.94	106.00	106.00
农村	111.80	106.00	106.00	106.00	106.00

（4）迁移水平。

迁移水平是指每年从农村转到城镇的净迁移人口。根据 S 省 2010 年第六次
人口普查数据，并依据公式"期末人口数 = 期初人口数 + 本期出生人数 – 本期死
亡人数 + 净迁移人数"，我们得到 2010 年城市、镇、乡村的人口净迁入人数分别
为 18.10 万人、31.30 万人、– 32.32 万人。根据联合国城镇化率变化趋势，我
们设置了人口迁移方案。在此人口迁移方案下，2020 年、2030 年、2040 年、
2050 年的城镇化率分别为 59.7%、69.3%、74.7%、78.3%。

（5）分年龄生育模式。

分年龄生育模式即 15～49 岁分年龄育龄妇女的生育率占总和生育率的比率。
本书在预测时采用了基期 2010 年的数据，并假设 2010～2030 年分年龄生育模式
保持不变。

（6）分年龄迁移模式。

分年龄迁移模式即分年龄人口迁移量占净迁移量的比率，因缺少 S 省分年龄
人口迁移量数据，在预测时我们使用全国 2010 年的人口迁移模式来代替 S 省人
口迁移模式。

3. 人口预测结果

中方案人口规模和结构预测主要年份结果如表 3 – 9 所示，变化趋势如图 3 – 2、
图 3 – 3 所示。结果显示，S 省总人口规模在 2029 年达到顶峰，人口为 3960.36
万人，之后人口规模开始下降，2050 年人口为 3537.36 万人；60 岁及以上人口
与 65 岁及以上人口 2040 年比 2020 年增加一倍，2050 年分别达 1319.79 万人与

1001.29 万人，老龄化发展速度快，高龄化趋势明显；60 岁及以上和 65 岁及以上老年人口抚养比也持续上升，分别从 2010 年的 16.16% 与 10.06% 逐渐增大为 2050 年的 69.65% 与 45.24%；制度老年抚养比与人口老年抚养比变化趋势略有不同，65 岁及以上老年抚养比到 2040 年达到峰值为 65.28% 后开始下降，2050 年下降到 48.03%，接近每 2 名劳动年龄人口负担 1 名退休人口。

表 3-9　　　　　　　　　　中方案人口结构预测

项目		2010 年	2020 年	2030 年	2040 年	2050 年
总人口（万人）		3571.21	3837.07	3960.00	3835.92	3537.36
60 岁及以上（万人）		411.78	677.15	1005.50	1204.97	1319.79
65 岁及以上（万人）		270.53	456.06	701.24	954.79	1001.29
15~59 岁（万人）		2548.82	2643.06	2472.56	2247.08	1894.82
15~64 岁（万人）		2690.08	2864.15	2776.81	2497.27	2213.32
人口老年抚养比（%）	60 岁及以上	16.16	25.62	40.67	53.62	69.65
	65 岁及以上	10.06	15.92	25.25	38.23	45.24
制度老年抚养比（%）	60 岁及以上	18.62	27.74	43.64	58.00	74.73
	65 岁及以上	11.50	17.13	26.89	65.28	48.03

注：人口老年抚养比（60 岁及以上）=60 岁及以上人口/15~59 岁人口；人口老年抚养比（65 岁及以上）=65 岁及以上人口/15~64 岁人口；制度老年抚养比（60 岁及以上）=60 岁及以上人口/20~59 岁人口；制度老年抚养比（65 岁及以上）=65 岁及以上人口/20~64 岁人口。

资料来源：根据作者所进行的人口预测结果计算而得。

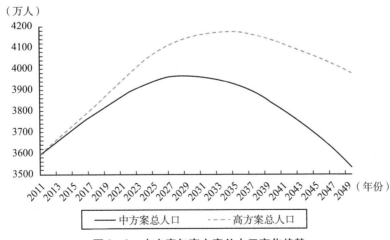

图 3-2　中方案与高方案总人口变化趋势

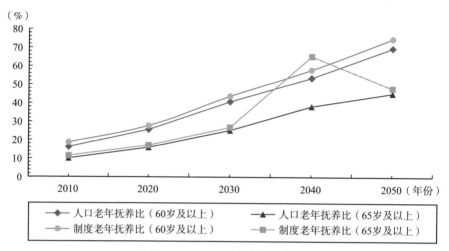

（％）

图 3-3 人口预测中方案抚养比

与中方案相比，在二孩政策放开，人们的生育意愿有所增加的假设条件下，S 省人口规模峰值出现在 2035 年，总人口 4172.20 万人，之后开始下降，2050 年人口为 3974.90 万人，与中方案相比多 437.54 万人；60 岁及以上与 65 岁及以上人口与中方案相比未发生变化，原因为在高生育率方案假设条件下的出生人口在 2050 年时并未达到退休年龄；60 岁及以上人口与 65 岁及以上人口、制度抚养比均逐年提高，但是与中方案相比，提高速度较缓和，比如 65 岁及以上制度抚养比的峰值为 44.12%，而中方案为 65.28%，原因是在预测年份，在高生育意愿假设条件下，劳动年龄人口增加，而老年人口数并未发生改变。主要年份预测结果及变化趋势如表 3-10 与图 3-2 和图 3-4。

表 3-10 高方案人口结构预测

项目		2010 年	2020 年	2030 年	2040 年	2050 年
总人口（万人）		3571.21	3898.74	4146.23	4131.06	3974.90
60 岁及以上（万人）		411.78	677.15	1005.50	1204.97	1319.79
65 岁及以上（万人）		270.53	456.06	701.24	954.79	1001.29
15～59 岁（万人）		2548.82	2643.06	2486.76	2370.84	2133.93
15～64 岁（万人）		2690.08	2864.15	2791.01	2621.03	2452.43
人口老年抚养比（％）	60 岁及以上	16.16	25.62	40.43	50.82	61.85
	65 岁及以上	10.06	15.92	25.12	36.43	40.82

项目		2010 年	2020 年	2030 年	2040 年	2050 年
制度老年抚养比（%）	60 岁及以上	18.62	27.74	43.64	56.33	67.65
	65 岁及以上	11.50	17.13	26.89	40.00	44.12

注：人口老年抚养比（60 岁及以上）=60 岁及以上人口/15～59 岁人口；人口老年抚养比（65 岁及以上）=65 岁及以上人口/15～64 岁人口；制度老年抚养比（60 岁及以上）=60 岁及以上人口/20～59 岁人口；制度老年抚养比（65 岁及以上）=65 岁及以上人口/20～64 岁人口。

资料来源：根据作者所进行的人口预测结果计算而得。

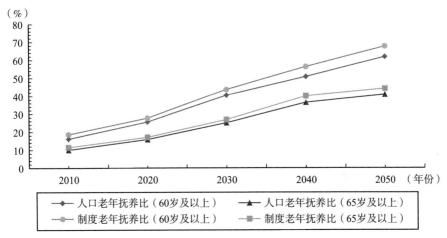

图 3-4　人口预测高方案抚养比

4. 人口预测结果检验

我们通过对比 2011～2014 年总人口预测数据与 2011～2014 年《S 省统计年鉴》中的总人口实际数据来检验人口预测结果的可信性。经对比，我们发现 2011～2014 年中方案与高方案总人口预测平均误差值分别为 0.52% 与 0.62%，误差均在 5% 可信区间内，由此证明我们的人口预测数据是可靠的。

3.4.2　城镇企业职工养老保险基金缺口测算

1. 养老基金缺口口径

自 1997 年中国实行"统账结合"城镇养老保险制度以来，养老基金缺口问题开始受到关注，随着人口老龄化和经济全球化发展，养老保险财务压力使得

"养老保险缺口是否存在及缺口规模大小"这一问题再次成为焦点。相关的研究给出了不同的结论（Sin，2005[①]；郑秉文，2012[②]；王晓军等，2013[③]；刘学良，2014[④]），结论差异的原因来自多方面，其中缺口口径的不同界定是重要原因。

本书缺口的界定接近现金流量缺口，是一定时期内养老基金收入与基金支出的差额，不考虑个人账户"空账"问题。但是与现金流量缺口有所不同，本书的缺口是指剔除了财政补贴后的当期缺口。我们将一个公立年度确定为一个测算期间，测算 2011～2050 年间各年养老金缺口。

2014 年 S 省养老保险基金结余超过 1000 亿元，2015 年养老金余额快速下降到 45 亿元，养老金缴费拖欠导致收入下滑和人口老龄化及养老金待遇水平连续提高是重要原因。因此，测算 S 省养老金缺口对完善养老保险制度、调整养老保险架构与责任分担机制、为化解养老金支付财政风险做好准备具有重要意义。

2. 测算模型与假设

（1）测算模型。

①年度养老金收入。

$$I_m = \sum_{j=1}^{2} \sum_{x=\alpha_{m,j}}^{r_{m,j}} N_{m,j,x} \times W \times \prod_{h=2011}^{m} (1+g_h) \times R_m \times U_m$$

其中：I_m 代表收入；m 代表年份；j 代表性别，当 j 为 1 时为男性，当 j 为 2 时为女性；x 代表年龄；$\alpha_{m,j}$ 代表初始工作的年龄；$r_{m,j}$ 代表退休年龄；$N_{m,j,x}$ 代表缴费人数；W 代表工资，此处为 2010 年工资；g_h 代表工资增长率；R_m 代表缴费率；U_m 为缴费工资占社会平均工资的比率。

②年度养老金支出。

$$E_m = \sum_{j=1}^{2} \sum_{x=r_{m,j}}^{\omega} L_{m,j,x} \times B \times \prod_{H=2011}^{m} (1+d_h)$$

其中：$r_{m,j}$ 为职工退休年龄；ω 为最高年龄，此处设为 100 岁；$L_{m,j,x}$ 为养老

① Sin, Y., 2005, China Pension Liability and Reform Options for Old Age Insurance, World Bank WP, No. 2005 - 1.

② 郑秉文：《中国养老金发展报告 2012》，经济管理出版社 2012 年版。

③ 王晓军等：《养老金支付缺口：口径、方法与测算分析》，载于《数量经济技术经济研究》2013 年第 11 期。

④ 刘学良：《中国养老保险的收支缺口和可持续性分析》，载于《中国工业经济》2014 年第 9 期。

金领取人数；B 为养老金待遇水平，此处使用 2011 年养老金待遇水平；d_h 为养老金待遇增长率。

③养老基金结余及财政负担测算。

$$Q_m = I_m - E_m$$

$$Q_{1,m} = Q_{1,m-1} \times (1 + i_m) + Q_m$$

其中：Q_m 为年度养老金结余；$Q_{1,m}$ 为养老金累积结余；i_m 为年度利息率。

$$Burd^G = \frac{Q_m}{G_m}$$

$$Burd^F = \frac{Q_m}{F_m}$$

其中：$Burd^G$ 为年度养老金结余占同期 GDP 的比率；$Burd^F$ 为年度养老金结余占同期财政收入的比率。

（2）基础数据与基准假设。

①评估时点。

本书的预测基期数据来自《S 省 2010 年人口普查资料》、《S 省统计年鉴 2010》、2010 年《S 省人力资源和社会保障统计摘要》、《2001 ~ 2010 年 S 省企业养老保险统计年鉴》。我们将预测时点定为 2011 年 1 月 1 日，考虑到老年人口峰值出现在 2030 年左右，为考察峰值后养老负担变化，我们将测算终止年份定为 2050 年。

②退休年龄。

《国务院办公厅关于进一步做好国有企业下岗职工基本生活保障和企业离退休人员养老金发放工作有关问题的通知》的规定，我们将城镇男性职工法定退休年龄定为 60 岁，通过加权平均城镇女干部及女职工法定退休年龄得出女性平均退休年龄为 53 岁。根据 OECD 国家惯例做法，假设职工开始参保年龄为 20 岁，参保者自参加养老保险制度开始到退休，整个参保期间连续足额缴费。

③养老保险缴费人数。

养老保险缴费人数 = 劳动年龄人口 × 劳动年龄人口中参保人口比例。其中，男性劳动年龄人口为 20 ~ 59 岁城镇男性人口，女性劳动年龄人口为 20 ~ 52 岁城镇女性人口；通过计算《S 省人力资源和社会保障统计摘要》中 2010 ~ 2014 年企业在职参保人数占 S 省人口预测数据中城镇男性 20 ~ 59 岁人数与城镇女性 20 ~ 52 岁人数之和的比率，最终得出劳动年龄人口中参保人口比例为 0.35。

④职工工资增长率。

一般情况下，工资增长率快于 GDP 增长率才能使劳动报酬在 GDP 中的占比逐步提高（王晓军等，2013）[①]。通过对比《S省人力资源和社会保障情况统计摘要》中2004～2014年GDP的增长速度及职工工资增长速度，我们假定未来在岗职工平均工资的增长速度比GDP的增长速度高1个百分点，并假设未来这一数值一直保持不变。

⑤缴费率。

按照现行制度，假设统筹账户缴费率为20%，个人账户缴费率为8%，因此，总缴费率为28%。

⑥缴费工资占社会平均工资的比率。

通过计算《S省人力资源和社会保障统计摘要》及《2001～2010年S省企业养老保险统计年鉴》2001～2010年10年间缴费基数占社平工资的平均比率，最终得出缴费工资约占社会平均工资的比率为81%，假设在预测年间此数值保持不变。

⑦养老金领取人数。

养老金领取人数＝达到退休年龄的人数×达到退休年龄人数中养老金受益人口的比率。通过计算《S省人力资源和社会保障统计摘要》中企业离退休参保人员数占城镇男性60岁及以上人口与城镇女性53岁及以上人口之和的比率，得到达到退休年龄人口数中养老保险受益人口的比率为54%。我们假定未来这一数值保持不变。

⑧企业养老金待遇水平。

通过对比《S省人力资源和社会保障统计摘要》中养老金待遇水平与工资增长率的数值，发现在2005～2015年这11年中，养老金待遇水平平均增长率与职工工资平均增长率相等，因此我们假设未来养老金待遇水平增长率等于在岗职工平均工资增长率。

⑨财政收入。

2010～2014年S省财政收入占GDP的比率的平均值为18%，随着财政体制改革的深入，财政收入占GDP的比例将会进一步提高，假设到2050年提高到25%。

⑩利息率。

根据《2001～2010年S省企业养老保险统计年鉴》个人账户记账利率近10年数据，我们将利息率设定为2.455%。

---

① 王晓军等：《养老金支付缺口：口径、方法与测算分析》，载于《数量经济技术经济研究》2013年第11期。

3. 基准方案

通过计算 2010 ~ 2014 年 S 省 5 年 GDP 年平均增长率，发现其值为 9%。因此，采用人口预测中方案，同时参照世界银行 2012 年发布的《2030 年的中国》报告中对我国 GDP 增长率变化趋势的预测，我们设定了 S 省 GDP 增长率、工资增长率、养老金待遇水平增长率，具体如表 3 - 11 所示。

表 3 - 11　　　　　　　　　2011 ~ 2050 年增长率假设　　　　　　　　单位：%

时间	年 GDP 增长率	年工资增长率	年养老金待遇水平增长率
2011 ~ 2015 年	8.5	9.5	9.5
2016 ~ 2020 年	6.9	7.9	7.9
2021 ~ 2025 年	5.8	6.8	6.8
2026 ~ 2030 年	4.9	5.9	5.9
2031 ~ 2050 年	4.9	5.9	5.9

4. 测算结果

（1）未来基本养老保险年度收支情况。

未来养老保险年度收支主要年份数据如表 3 - 12 与图 3 - 5 所示。测算结果显示，随着时间的推移，缴费收入与基金支出均呈现不断增加的趋势。缴费收入与基金支出在 2019 ~ 2040 年间，基本上每 10 年翻倍，收入和支出 2050 年分别达 4834.50 亿元和 16013.62 亿元，基金支出增速快于收入增速，2011 ~ 2050 年均增速分别为 7.05% 和 11.10%，2050 年基金支出是 2011 年的近 60 倍，是 2026年的 7.6 倍。

表 3 - 12　　　　　　基准方案主要年份基本养老保险测算结果　　　　　　单位：亿元

项目	2011 年	2013 年	2019 年	2026 年	2040 年	2050 年
缴费收入	345.51	453.91	882.94	1556.05	3258.12	4834.50
基金支出	268.55	370.61	887.17	2094.03	7397.43	16013.62
当年结余	76.96	83.31	- 4.23	- 537.98	- 4139.31	- 11179.12
累计结余	693.63	894.10	1361.52	- 259.38	- 29975.80	- 105702.91

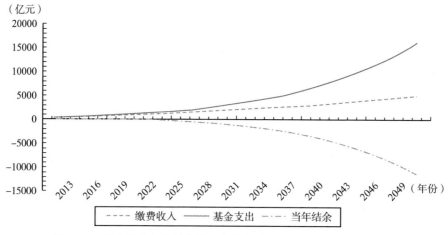

图 3 – 5   基准方案年度基本养老金缴费收入、基金支出、当年结余

2019 年养老金出现当期缺口 4. 23 亿元，需动用以前年度累计结余支付养老金，缺口规模随后快速扩大，2050 年的年度缺口为 11179. 12 亿元。

就累计结余而言，与当年结余开始产生缺口的年份相对应，在 2019 年累计结余达到最大值，为 1361. 52 亿元，接着累计结余呈现下降趋势，2026 年开始出现累计缺口，数值为 259. 38 亿元，2050 年的累计缺口达 105702. 91 亿元（见表 3 – 12、图 3 – 6）。2026 年、2030 年、2040 年、2050 年累计缺口折算到 2011 年现值分别是 2011 年 GDP 的 1. 21% 、14. 98% 、70. 03% 和 152. 3%。

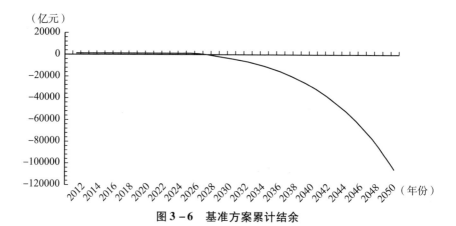

图 3 – 6   基准方案累计结余

（2）当年结余占同期 GDP 及财政收入的比重。

当基本养老保险累计结余无法弥补支出时，政府财政承担最终偿还责任并对养老金进行补贴，为此我们测算了当期结余占同期 GDP 及占财政收入的比重。结果显示，2019 年开始出现当期缺口，当期缺口占同期 GDP 及财政收入的比重分别为 0.02% 与 0.11%，随后逐渐提高，到 2050 年，当期缺口占同期 GDP 及财政收入的比重分别为 12.31% 与 49.75%（见表 3 - 13、图 3 - 7）。

表 3 - 13　　　　　基准方案主要年份当年结余占 GDP 及财政收入的比重　　　　单位：%

项目	2011 年	2019 年	2020 年	2030 年	2040 年	2050 年
当年结余占 GDP 比重	0.78	- 0.02	- 0.21	- 3.35	- 7.36	- 12.31
财政负担系数*	4.34	- 0.11	- 1.03	- 15.24	- 31.51	- 49.75

注：＊我们也将当期缺口占同期财政收入的比重称为财政负担系数。

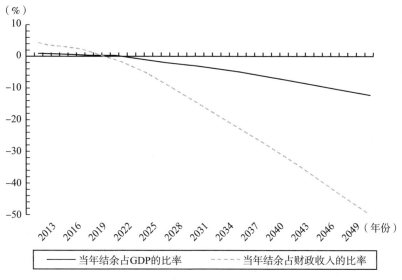

图 3 - 7　当年结余占当年 GDP 及财政收入的比率

3.4.3　人口、经济、制度单因素变化对支付缺口影响的敏感分析

1. 延迟退休年龄对支付缺口的影响

退休年龄是影响基本养老金收入与支出的关键因素。延迟退休年龄可以增加

养老金收入，减少养老金支出，从而降低养老金的支付压力。为此我们共设定了两种延迟退休情景，测算在人口预测中方案下，延迟退休对养老金支付压力的影响。两种延迟退休情景分别为：（1）首先不再区分女职工与女干部而统一女性退休年龄，从 2022 年开始，每年延迟 1 岁直到统一为 55 岁；从 2027 年开始，女性每 3 年延迟 1 岁，男性每 6 年延迟 1 岁，到 65 岁退休。（2）首先不再区分女职工与女干部而统一女性退休年龄，从 2022 年开始，每年延迟 1 岁直到 55 岁退休；从 2027 年开始，女性每 3 年延迟 1 岁直到 60 岁退休，男性每 3 年延迟 1 岁直到 65 岁退休。

延迟退休情景（1）主要年份测算结果如表 3-14、图 3-8、图 3-10 所示。结果显示：2011~2013 年期间，当年结余不断增加，2013 年达到最大值 83.31 亿元，之后，当年结余开始减少，从 2019 年开始产生 4.23 亿元的年度缺口，之后缺口不断增加，2050 年的年度缺口为 4611.00 亿元。累计结余呈现出先增加后减少的趋势。在 2019 年累计结余达到最大值，为 1361.52 亿元，接着累计结余

表 3-14　　　　　基准方案下延迟退休情景（1）基本养老金测算结果　　　　单位：亿元

项目	2011 年	2013 年	2019 年	2027 年	2040 年	2050 年
缴费收入	345.51	453.91	882.94	1711.83	3714.97	6314.34
基金支出	268.55	370.61	887.12	2105.31	5826.63	10925.34
当年结余	76.96	83.31	-4.23	-393.49	-2111.66	-4611.00
累计结余	693.63	894.10	1361.52	-81.73	-16028.02	-49366.12

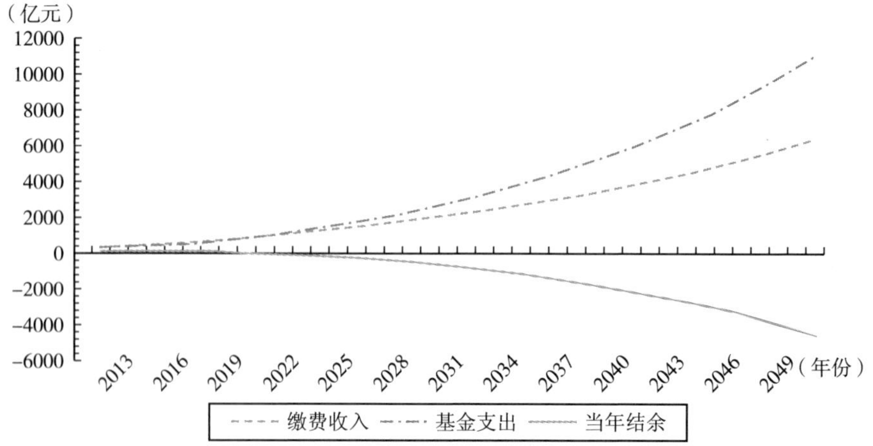

图 3-8　基准情形下延迟退休情景（1）基本养老金年度测算结果

呈现下降趋势，从 2027 年开始出现累计缺口，值为 81.73 亿元，2050 年的累计缺口为 49366.12 元。2027 年、2030 年、2040 年、2050 年累计缺口现值分别占 2011 年 GDP 的 0.36%、7.02%、37.61%、71.11%。

延迟退休情景（2）测算结果如表 3-15、图 3-9、图 3-10 所示。结果显示：2011~2013 年期间，当年结余不断增加，2013 年达到最大值 83.31 亿元，之后，当年结余开始减少，从 2019 年开始产生 4.23 亿元的年度缺口，之后缺口不断增加，2050 年的年度缺口为 5598.38 亿元；就累计结余而言，与当年结余开始产生缺口的年份相对应，在 2019 年累计结余达到最大值，为 1361.52 亿元，接着累计结余呈现下降趋势，2027 年开始产生 69.42 亿元的累计缺口，2050 年的累计缺口为 47727.17 亿元。

表 3-15　　　　　基准方案下延迟退休情景（2）基本养老金测算结果　　　　单位：亿元

项目	2011 年	2013 年	2019 年	2027 年	2040 年	2050 年
缴费收入	345.51	453.91	882.94	2081.10	3814.52	6091.88
基金支出	268.55	370.61	887.17	2679.80	5484.34	11690.26
当年结余	76.96	83.31	-4.23	-598.70	-1669.82	-5598.38
累计结余	693.63	894.10	1361.52	-69.42	-13185.77	-47727.17

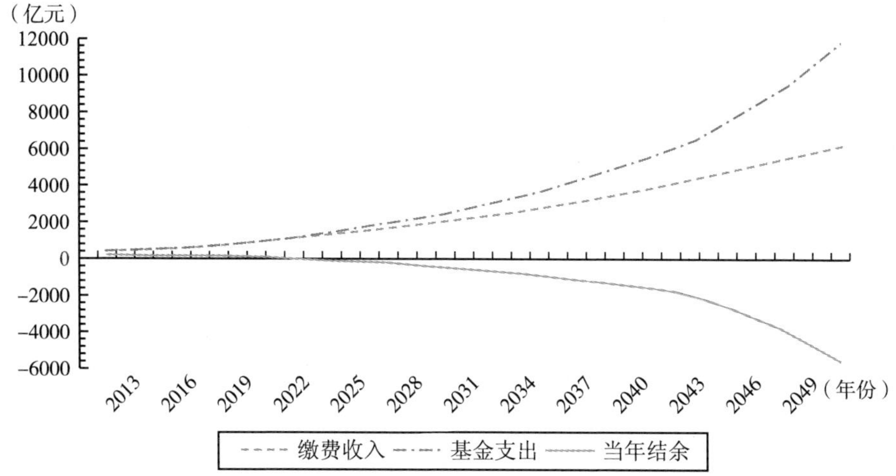

图 3-9　基准情形下延迟退休情景（2）基本养老金年度测算结果

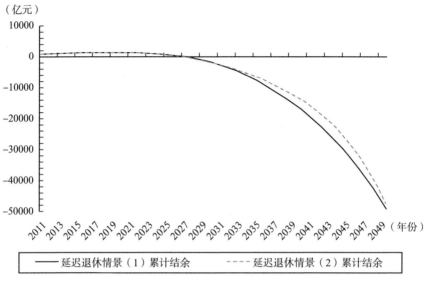

（亿元）

图3-10　基准情形下延迟退休情景（1）和（2）养老金累计结余

　　两个情景和基准方案相比，出现累计缺口的年份均向后推迟了1年，当年缺口出现的年份与基准方案比没有变化，但是基金收入都较基准方案提高，基金支出都较基准方案下降，养老金缺口显著下降。两种情景下2050年的年度缺口比基准方案分别减少了59%与50%，累计缺口分别减少了53%和55%。由此我们得到如下结论：提高退休年龄是一项强有力的缓解养老金收支缺口的措施，其减轻养老金支付压力的作用巨大，延迟退休宜早不宜迟。两个不同延退方案对缺口变化的影响相近，这也告诉我们，除了考虑缓解养老金缺口以外，延迟退休方案可更多考虑对就业等其他因素的影响。我们也发现，延迟退休只是减少了缺口，但是仅仅延迟退休不能完全消除缺口，也就是说，为避免养老金支付危机，养老保险制度需进行其他方面改革。

2. 降低GDP增长率对基金缺口的影响

　　随着我国经济发展步入新常态，经济增速也在降低。根据《北京青年报》的报道，2015年S省实际GDP增长率为3.1%，因此我们假设从2015年开始GDP增长率为3.1%，之后所有年份保持不变。在3.1%的经济增长率假设前提下，年度职工工资增长率与养老金待遇水平增长率均为4.1%。在以上假设条件及人口预测中方案前提下，养老金测算结果如表3-16、图3-11、图3-12所示。测算结果显示：在较低的GDP增长率情景下，缴费收入与基金支出均逐年增加，当年结余则不断减少，从 2018 年开始产生 17.09 亿元的年度缺口，之后缺口逐渐增大，直到 2050 年达到 5620.69 亿元，与基准方案相比，缺口提前 1 年出现，但是缺口与基准方案相比增速较缓，长期来看缺口较基准方案小。

同时，对比累计缺口，降低 GDP 增长率情况下从 2026 年开始出现 3287.31 亿元的累计缺口，2050 年的累计缺口为 61109.19 亿元，缺口增速较基准方案缓和。因此，对比两种 GDP 增长率下的养老金财政负担，低 GDP 增速下的财政负担反而相对较小。出现上述现象的原因为：在较低的 GDP 增长率条件下，养老金待遇水平降低，同时职工的工资增长率也在降低，因而财政负担减小。同时，GDP 增速降低带来的养老保险征缴收入的降低幅度大于养老金的支出降低幅度，因此缺口出现的年份提前，并且数值相应增加。

表 3 - 16　　　　　　降低 GDP 增长率情况下基本养老保险测算结果　　　　单位：亿元

项目	2014 年	2018 年	2026 年	2040 年	2050 年
缴费收入	526.20	694.91	1274.51	1791.14	2239.04
基金支出	468.42	712.01	2157.52	4309.74	7859.72
当年结余	57.78	-17.09	-883.01	-2518.60	-5620.69
累计结余	1152.53	1342.97	-3287.31	-20240.80	-61109.19

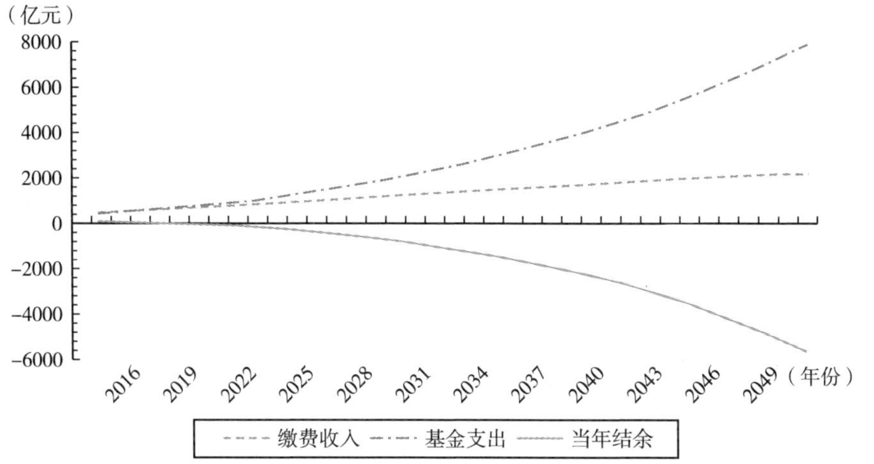

图 3 - 11　降低 GDP 增长率情况下基本养老保险测算结果

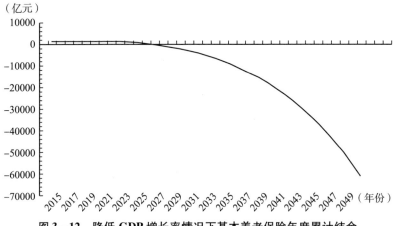

图 3 – 12 　降低 GDP 增长率情况下基本养老保险年度累计结余

3. 提高全社会的生育率对基金缺口的影响

随着我国二孩政策的放开，人们的生育意愿可能会明显增强。在这种假设条件下，我们预计总和生育率将会有所提高，因此应用高方案人口预测数据，我们考察了在高生育率情况下养老保险资金收支状况是否会有所改善。结果显示：生育率变化对 S 省养老金的支付压力并没有产生明显影响。

首先，在企业基本养老保险缴费人口方面，在基准方案情形下，当生育率提高之后，2050 年企业基本养老保险缴费人数为 438.08 万人，比基准方案增加 6.07 万人，同时因为新出生人口尚未退休，养老保险受益人口并未发生变化。

其次，在养老金收支方面，在高生育率假设条件下，和基准方案相同，仍然在 2019 年出现 4.23 亿元的年度缺口，在 2026 年出现 259.38 亿元的累计缺口，但是 2050 年的当年缺口与累计缺口分别为 10668.19 亿元与 102581.67 亿元，和基准方案相比，分别降低了 4.6% 与 3%。因此，在二孩政策放开、生育意愿会有所提高的假设条件下，与基准方案相比养老金支付压力有所改善，但是影响很小。因此，在人口老龄化总体格局已经确定的情况下，提高生育率对未来养老保险收支平衡作用微乎其微。当然，若将其放到一个更长的时间维度上，提高生育率对未来中国人口年轻化所起的作用或许更加显著（见表 3 – 17、图 3 – 13、图 3 – 14）。

表 3 – 17　　　　　　　人口预测高方案下基本养老保险测算结果　　　　单位：亿元

项目	2011 年	2013 年	2019 年	2026 年	2040 年	2050 年
缴费收入	345.51	453.91	882.94	1556.05	3342.87	5345.43
基金支出	268.55	370.61	887.17	2094.03	7397.43	16013.62
当年结余	76.96	83.31	– 4.23	– 536.98	– 4054.56	– 10668.19
累计结余	693.63	894.10	1361.52	– 259.38	– 29698.51	– 102581.67

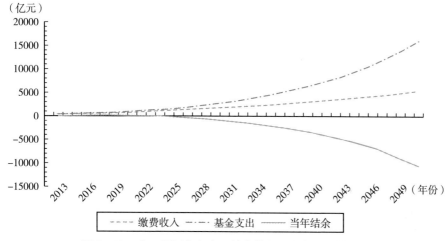

图 3 – 13　人口预测高方案下基本养老保险年度测算结果

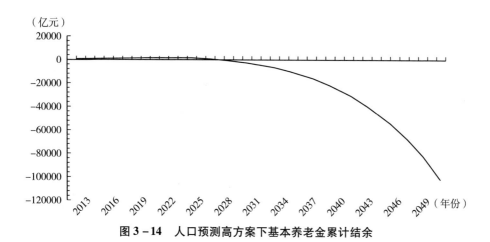

图 3 – 14　人口预测高方案下基本养老金累计结余

3.4.4 人口、经济、制度多因素变化对支付缺口影响的情景分析

前文我们分别考察了延迟退休、低 GDP 增长、生育意愿增加等单因素变化对养老金支付压力的影响，那么这些因素同时变化时对养老金支付压力又会产生怎样的影响呢？我们又对多因素变动进行了情景测算（见表 3-18）。

表 3-18　　　　　　　　多因素变化对养老金支付缺口的影响　　　　　　单位：亿元

情景		人口中方案 + 低 GDP + 延迟退休	人口高方案 + 延迟退休	人口高方案 + 低 GDP 增长 + 延迟退休	人口高方案 + 低 GDP 增长
当期缺口出现 时间与金额	延（1）	17.09 （2018 年）	4.23 （2019 年）	17.09 （2018 年）	17.09 （2018 年）
	延（2）	17.09 （2018 年）	4.23 （2019 年）	17.09 （2018 年）	
2050 年当年 缺口	延（1）	2437.91	4100.06	2201.28	5384.05
	延（2）	2916.37	5087.44	2679.27	
累计缺口出现 时间与金额	延（1）	218.66 （2027 年）	81.73 （2027 年）	218.66 （2027 年）	288.72 （2026 年）
	延（2）	209.81 （2027 年）	69.42 （2027 年）	209.81 （2027 年）	
2050 年 累计缺口	延（1）	30528.84	46244.87	28978.67	59559.02
	延（2）	29292.81	44605.93	27742.65	

在较低的 GDP 增长率情形下，延迟退休情景（1）与延迟退休情景（2）与低 GDP 增长率、不采取延迟退休政策相比，2050 年年度缺口分别降低 57% 与48%，累计缺口分别降低 50% 与 52%。因此在低 GDP 增速下提高退休年龄同样对缓解养老金收支缺口、减轻社会在养老保险方面的压力作用显著。

在人口预测高方案假设条件下，延迟退休情景（1）和延迟退休情景（2）的当期缺口、累计缺口出现的年份相同，缺口金额接近。但是，如果到达 2050年，我们发现，在累计缺口方面，延迟退休情景（1）与延迟退休情景（2）和仅仅高生育率的假设条件相比，要减小 55% 与 57%。因此，人口预测高方案下延迟退休年龄在很大程度上也能起到缓解养老金支付压力的作用。

在人口预测高方案、较低的 GDP 增长率与延迟退休情境下两个延迟退休方

案对缺口的影响相近。通过数据分析发现，提高退休年龄后，2050 年，累计缺口在延迟退休情景（1）与延迟退休情景（2）的假设条件下与仅仅高方案、低GDP 情景相比分别减少 51% 与 53%。

在人口预测高方案、低 GDP 增长率情景下和人口预测中方案、低 GDP 增长率假设条件相比，2050 年的年度缺口降低 4.2%，累计缺口降低 2.5%。因此，在较低的 GDP 增长率情况下，提高生育率对缓解养老金支付压力有一定的作用，但是效果并不明显。

3.4.5　城镇机关事业单位养老保险基金缺口测算

本部分在建立精算模型的基础上，利用人口中方案预测结果，测算了 2015 ~ 2050 年机关事业单位养老保险缺口。同时，为了测度延迟退休政策在缓解机关事业单位养老保险支付压力方面的效果，我们还测算了在两种延迟退休假设条件下机关事业单位的养老保险缺口。

1. 基准方案测算结果

事业单位缴费收入、基金支出、当年结余及累计结余相关年份测算结果如图 3 - 15 所示。

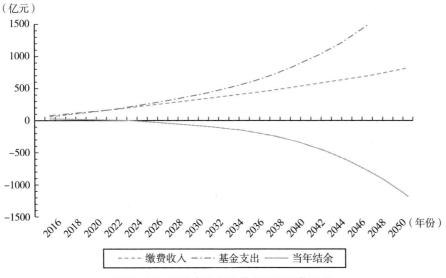

图 3 - 15　机关事业单位养老保险测算结果

如图 3 - 15 所示，2015 ~ 2050 年，缴费收入和基金支出均呈现出不断增长的趋势。因基金支出的增长速度大于缴费收入的增长速度，所以从 2022 年开始产生 0.57 亿元的当期缺口，此时缺口占 2022 年 GDP 及财政收入的比率分别为 0.003% 与 0.02%，之后缺口不断增加，2050 年当年缺口占 GDP 及财政收入的比率分别为 1.51% 与 6.01%（见图 3 - 16）。

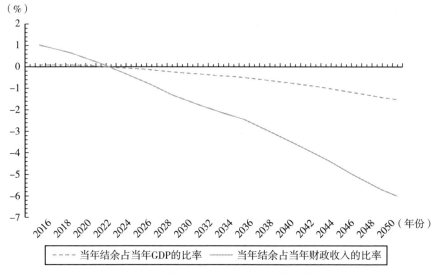

图 3 - 16 当年结余占 GDP 及财政收入的比率

如图 3 - 17 所示，累计结余呈现出先缓慢增加又急速减少的趋势。2022 年，累计结余达最大值 174.6 亿元。从 2029 年开始产生累计缺口，将该缺口折现到 2015 年，约占 2015 年 GDP 的 0.25%，之后缺口不断增加，2050 年的累计缺口总额折现到 2015 年，占 2015 年 GDP 及财政收入的比率分别为 13.48% 与 105.07%。

如图 3 - 18 所示，我们测算了机关事业单位财政负担占当年 GDP 及财政收入的比率。因机关事业单位养老保险财务运营的特殊性，我们把缴费收入中单位缴费的 20% 与累计缺口之和共同计为财政负担。测算结果显示：在 2029 年累计缺口产生之前，财政负担占当年 GDP 及财政收入的比率变化比较缓慢，由 2015 年的 0.54% 与 4.25% 到 2028 年的 0.76% 与 4.36%；2029 年累计缺口出现之后，占比快速增加，不断上升为 2050 年的 13.49% 与 53.79%。因此，养老金财政负担在出现累计缺口后会急速上升，减少累计缺口刻不容缓。

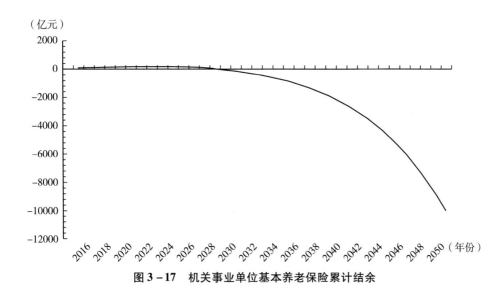

图 3 - 17   机关事业单位基本养老保险累计结余

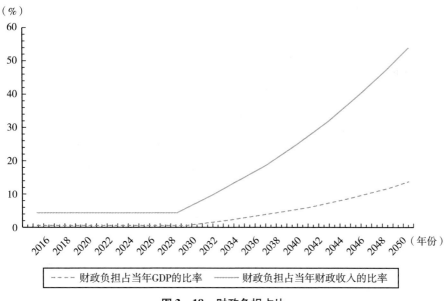

图 3 - 18   财政负担占比

2. 延迟退休年龄对机关事业单位养老金缺口的影响

同前文企业部分所设定的延迟退休情景相同，我们同样测算了两种延迟退休情景的假设条件对机关事业单位养老保险缺口的影响。在参数设定上，我们假设每延迟 1 岁退休年龄，养老金替代率增加 0.5%。具体测算结果如图 3 - 19、图 3 - 20、图 3 - 21 所示。

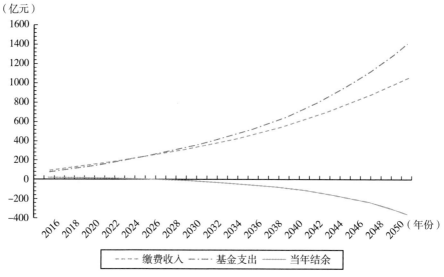

图 3 - 19　延迟退休情景（1）基本养老金测算结果

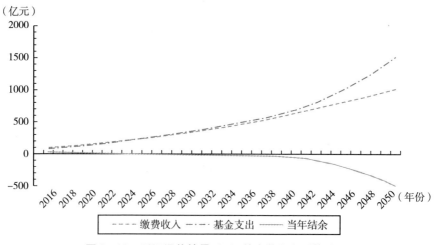

图 3 - 20　延迟退休情景（2）基本养老金测算结果

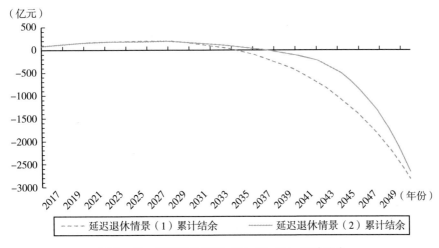

图 3 – 21　延迟退休情景（1）和（2）累计结余

2015～2050 年，在延迟退休情景（1）假设条件下，缴费收入与基金支出均不断增大，在 2025 年开始出现当期缺口，累计结余则在此年份达到最大值190.63 亿元，之后当期缺口缓慢增加，累计结余逐渐减小，在 2034 年出现累计缺口 36.52 亿元，两个缺口出现的年份与不延迟退休假设条件下的测算结果相比分别推迟了 3 年和 5 年。2050 年的累计缺口总额折现到 2015 年初，约为 2015 年GDP 的 3.84%，比不延迟退休假设条件下的测算结果减少了约 9.6 个百分点。在财政负担占 GDP 的比率方面则减少了 8.9 个百分点。

延迟退休情景（2）累计缺口在 2037 年开始出现，为 15.5 亿元，与情景（1）相比推迟 3 年，与不延迟退休假设条件下的测算结果相比则推迟了 8 年时间，这是不同延迟退休年龄假设条件所带来的养老金缴费人数、领取人数及替代率的不同所导致的。同时，2034～2050 年累计缺口总额折现到 2015 年初，约为2015 年 GDP 的 3.61%，与情景（1）相比减少 0.23 个百分点，与不延迟退休假设条件下的结果相比减少了 9.87 个百分点。在财政负担占 GDP 的比率方面则减少了 9.15 个百分点。由此可见，延迟退休年龄对缓解机关事业单位的养老金支付压力具有显著的作用。

3. 结论

本部分在利用中方案人口预测结果的基础上，建立养老保险精算模型，分析和评估了机关事业单位养老保险财务可持续性。结果显示：从 2029 年开始产生累计缺口，2029~2050 年的累计缺口总额为 9993.76 亿元，将其折现到 2015 年初，相当于 2015 年 GDP 的 13.48%。延迟退休政策使机关事业单位养老保险在 2050 年的累计缺口大约减少了 72%，其对缓解养老保险的支付压力具有显著作用。

第4章

社会保险缴费率的微观经济效应与延迟退休[①]

　　人口预期寿命的延长与出生率的下降对政府养老保险基金的长期支付能力产生挑战。然而，企业同样面临沉重的社会保障缴费制度性成本，延迟退休年龄对降低我国养老保险缴费率、减轻企业负担具有重要的意义。2012 年以来，我国经济增速逐年下滑，企业经营与实体经济发展面临前所未有的困难和挑战，积极的财政政策、减税降费是党的十八大以来我国财政政策的主要基调，"十三五"期间共为各类市场主体减税降费 7.6 万亿元。社会保险缴费率的变化如何影响企业投资与企业价值，对企业竞争力的提升和市场活力的释放产生怎样的影响？对应的退休政策含义是什么？本章对这些问题进行探讨。

4.1　引言与文献综述

　　中国社会保险缴费率长期偏高，其不利于提高企业竞争力和经济增长的弊端逐渐显现（郑秉文，2016）[②]。减费降税是深化供给侧结构性改革的重要内容，对降低企业成本，提升企业的经营绩效，激发市场活力，稳定宏观经济以及推动经济发展实现质量变革、效率变革和动力变革发挥着重要作用。社会保险缴费是企业制度性成本之一，社会保险缴费基金的收入来源包括职工缴费、财政补贴和利息及其他收入，其中，职工和企业缴费是社会保险基金收入的主要来源，企业

[①]　本章工作初步完成于 2017 年初。
[②]　郑秉文：《供给侧：降费对社会保险结构性改革的意义》，载于《中国人口科学》2016 年第 3 期。

承担的养老保险、医疗保险、工伤保险、生育保险和失业保险五项缴费在 30% 左右①，且这一比重远远超过了欧美发达国家水平（郑秉文，2016）②。偏高的社保缴费负担提升了企业的成本，削弱了企业的获利能力与经营性现金流的创造能力，影响了企业的投资倾向和投资能力，影响了微观主体市场活力的释放，对企业价值创造和竞争力提升产生了不利影响。随着供给侧结构性改革的深入，2015 年以来，国务院先后五次降低或阶段性降低社会保险费率，以减轻企业负担、激发市场活力、实现经济社会稳定发展。那么，社会保险缴费率是如何影响企业价值的呢？其作用机制是什么？在我国社会主要矛盾发生变化和经济进入高质量发展阶段后，为适应国家治理的需要，社会保险缴费制度应如何进行调整？这些问题的回答对完善我国社会保险缴费制度、释放微观市场主体的活力、保持经济的平稳健康发展具有重要意义。

关于社保缴费率对企业影响的研究集中于社会保险缴费给企业带来的负担及其转嫁问题。王增文、邓大松（2009）③、封进（2014）④ 研究认为，社会保险缴费对企业来说本质上是一种成本，缴费率过高必然加大企业经营成本，给企业造成沉重负担，成为企业发展的障碍。一般来说，作为理性经济人，企业经营者以追求利润最大化为目标，为此，经营者会试图通过提高产品价格将社会保障缴费转嫁给消费者，但是，大多数企业是价格的接受者，难以通过提高价格转嫁缴费成本，所以还会试图通过降低职工实际工资转嫁缴费负担（Nielsen and Smyth，2008）⑤。刘苓玲、慕欣芸（2015）⑥ 结合我国的实际情况研究发现，面对激烈的国内国际市场竞争，企业只能选择减少生产和投资，社会保险缴费成本难以转嫁。此时，企业的实际成本上升（杨俊，2008）⑦。因此，过高的社保缴费率造成企业制度成本的增加从而影响企业的竞争力与市场活力（周小川，2000）⑧。

---

① 由于各省份对缴费率有一定的自主决定权，因此，各省份企业缴费率并不相同，不同省份企业的缴费负担苦乐不均，但是五项缴费基本在工资总额的 30% 左右。

② 郑秉文：《供给侧：降费对社会保险结构性改革的意义》，载于《中国人口科学》2016 年第 3 期。

③ 王增文、邓大松：《基金缺口、缴费比率与财政负担能力：基于对社会保障主体的缴费能力研究》，载于《中国软科学》2009 年第 10 期。

④ 封进：《社会保险对工资的影响——基于人力资本差异的视角》，载于《金融研究》2014 年第 7 期。

⑤ Nielsen, I. , R. Smyth. , 2008, Who Bears the Burden of Employer Compliance with Social Security Contributions? Evidence from Chinese Firm Level Data, *China Economic Review*, 19（2），pp. 230 – 244.

⑥ 刘苓玲、慕欣芸：《企业社会保险缴费的劳动力就业挤出效应研究——基于中国制造业上市公司数据的实证分析》，载于《保险研究》2015 年第 10 期。

⑦ 杨俊：《养老保险和工资与就业增长的研究》，载于《社会保障研究》2008 年第 2 期。

⑧ 周小川：《社会保障与企业盈利能力》，载于《经济社会体制比较》2000 年第 6 期。

值得注意的是，我国的社会保险资金是以社会保险缴费（"费"）的方式进行筹集的①，而发达国家基本养老金收入主要来自工薪税或社会保险税。虽然基本养老保险基金收入的形式不同，但是社保缴费的税收性质没有变化（刘苓玲、慕欣芸，2015）②。丰富的税收对企业价值影响方面的文献为本研究提供了参考。吴联生（2009）③ 提出，税收是影响企业价值的重要因素，同时国有股权比例高的公司实际税收负担更重，进而导致企业价值降低。刘行、李小荣（2012）④ 研究得出实际税率的下降显著提升企业价值的结论。李林木、汪冲（2017）⑤ 则从创新的视角研究发现，税收优惠显著刺激了高新技术企业研发投入规模，企业价值得到提升。但是，也有研究认为税收负担的减轻不一定带来企业价值的提高，因为投资者并不一定将企业税收负担的减少视为利好信号（Desai and Dharmapala，2009⑥；Hanlon and Slemrod，2009⑦）。行伟波（2013）⑧ 研究发现，企业税收负担与区域政策和所有制形式相关，企业的实际税负与企业价值呈正相关关系。

在竞争的环境下，降低企业社会保险的缴费负担成为地方政府实现招商引资与地方经济发展的重要手段，我国社保缴费率多年来存在地区差异大的问题，降低实际缴费率具有一定的税收优惠性质。一些研究认为税收优惠对企业固定资产投资存在明显的促进作用（Auerbach and Hassett，1992⑨；聂辉华等，2009⑩）。异质性研究发现，税收优惠和税率降低对固定资产投资的激励效

① 根据 2018 年 7 月公布的《国税地税征管体制改革方案》的规定，2019 年 1 月 1 日起，将基本养老保险费、基本医疗保险费、失业保险费等各项社会保险费交由税务部门统一征收。
② 刘苓玲、慕欣芸：《企业社会保险缴费的劳动力就业挤出效应研究——基于中国制造业上市公司数据的实证分析》，载于《保险研究》2015 年第 10 期。
③ 吴联生：《国有股权、税收优惠与公司税负》，载于《经济研究》2009 年第 10 期。
④ 刘行、李小荣：《金字塔结构、税收负担与企业价值：基于地方国有企业的证据》，载于《管理世界》2012 年第 8 期。
⑤ 李林木、汪冲：《税费负担、创新能力与企业升级——来自"新三板"挂牌公司的经验证据》，载于《经济研究》2017 年第 11 期。
⑥ Desai, M. A., D. Dharmapala, 2009, Corporate Tax Avoidance and Firm Value, *Review of Economics and Statistics*, 91 (3), pp. 537 - 546.
⑦ Hanlon, M., J. Slemrod, 2009, What does Tax Aggressiveness Signal? Evidence from Stock Price Reactions to News about Tax Shelter Involvement, *Journal of Public Economics*, 93 (1 - 2), pp. 126 - 141.
⑧ 行伟波：《税制改革、实际税负与企业绩效》，载于《经济研究参考》2013 年第 67 期。
⑨ Auerbach, A. J., K. A. Hassett, 1992, Tax Policy and Business Fixed Investment in the United States, *Journal of Public Economics*, 47 (2), pp. 141 - 170.
⑩ 聂辉华等：《增值税转型对企业行为和绩效的影响——以东北地区为例》，载于《管理世界》2009 年第 5 期。

应主要存在于制造业企业（Djankov et al.，2010）[1]和非国有企业（马拴友，2001）[2]。

纵观已有文献，学者的研究更多地聚焦于社会保险缴费对企业成本的影响，鲜有文献研究社会保险缴费率对企业绩效的影响。对于投资与企业绩效之间的关系，目前大多数研究集中于投资过度与投资不足问题，关于企业新增投资对企业价值影响的研究并不丰富。借鉴税收负担与企业价值及企业投资之间关系的相关文献，本书认为偏高的社会保险缴费负担很可能会抑制企业投资行为，进而损害企业价值。基于此，本书利用2007～2014年沪深两市制造业上市公司数据，通过构建联立方程，实证考察了社会保险缴费率对企业价值的影响及其影响路径，并进而考察了实际缴费率对异质性企业和不同地区企业的企业价值的不同影响结果。

研究发现：实际社保缴费率与企业增量投资之间存在显著负相关关系。实际社会保险缴费率降低会使企业新增投资增加；而企业新增投资与企业价值之间存在显著正向关系，新增投资增加导致企业价值上升。我们实证检验了社会保险缴费率降低激励企业新增投资增加并最终导致企业价值上升的假设。同时，针对企业所有制和地区进行的分样本研究发现，社会保险缴费率对民营企业和高缴费率地区企业的市场价值影响程度分别高于国有企业和低缴费率地区企业。

与已有文献相比，本章的创新包括：（1）首次研究了社会保险缴费率对企业价值的影响及影响路径。据我们所知，目前国内尚无文献从微观视角研究社保缴费对企业新增投资与企业绩效的影响。本书试图构建社会保险缴费影响企业新增投资和企业绩效的分析框架，研究社会保险缴费政策对企业行为的影响。（2）本研究能够更好地克服内生性问题。本书通过建立联立方程，利用三阶段最小二乘法对社会保险缴费率、新增投资和企业绩效之间的影响关系进行研究，较好地克服了内生性问题，研究结论更加稳健。（3）本研究为我国降低养老保险缴费率、进一步适时推出延迟退休政策提供了经验证据。

① Djankov, S. et al.，2010，The Effect of Corporate Taxes on Investment and Entrepreneurship, *Social Science Electronic Publishing*, 2 (3)，pp. 31 –64.

② 马拴友：《税收优惠与投资的实证分析——兼论促进我国投资的税收政策选择》，载于《税务研究》2001年第10期。

4.2　制度背景与研究假设

4.2.1　制度背景

基本养老保险和基本医疗保险是我国社会保险的主要险种①。我国养老保险制度创新改革始于 20 世纪 90 年代。1995 年，我国初步确立了社会统筹账户与个人账户相结合（简称"统账结合"）的养老保险制度模式，企业缴费完全计入社会统筹账户，用以发放基础养老金，个人账户全部由个人缴费形成。由于具体的实施方案不明确，各地纷纷选择适合自己的方案，结果一度造成混乱。1997 年国务院发布的《关于建立统一的企业职工基本养老保险制度的决定》统一了养老保险缴费率。其规定企业缴纳基本养老保险费的比例一般不得超过工资总额的 20%，按本人缴费工资 11% 的数额为职工建立个人账户，个人缴费全部计入个人账户，其余部分从企业缴费中划入。为强化养老保险多缴多得、长缴多得机制，2005 年国务院发布的《国务院关于完善企业职工基本养老保险制度的决定》规定，从 2006 年 1 月 1 日开始，个人账户的规模统一由本人缴费工资的 11% 调整为 8%，全部由个人缴费形成。我国城镇职工基本医疗保险制度于 1998 年建立，采用"统账结合模式"，企事业单位按在职职工月工资总额的 6% 缴费，职工个人按本人工资收入的 2% 缴费。在中央制定统一缴费率与缴费上下限的基础上，地方政府根据本地经济发展和人口结构情况，对社会保险缴费也有一定的自由裁量权。以养老保险为例，北京规定参加基本养老保险的缴费下限可以按照本市上一年职工月平均工资的 40% 确定；一些地方政府为了吸引投资或改善企业经营困境，允许企业按照职工工资总额 60% 的缴费最低限进行缴费。在一些经济发达省份，因其老年抚养比较低，所以养老保险企业缴费较低。例如：广东省 2017 年 7 月 1 日起，单位缴费比例为 14%；浙江省自 2009 年起单位缴费率从 20% 降到 14%；江苏省 2017 年单位缴费率降为 19%；山东省养老保险缴费率在 2011 年降到了 18%；而上海市由于老龄化程度较高，其在 2016 年前养老保险及医疗保险单位缴费比例均高于国家规

---

① "五险"还包括失业保险、工伤保险和生育保险，但是养老保险和医疗保险的缴费率合计占社会保险缴费的比率总和超过 90%。

定的比例①。随着劳动力的自由流动和产品全国市场的形成，社保缴费率的地区差异影响了市场竞争的公平性，社会保险缴费的秩序因未实现全国统筹而略显混乱不公。过高的社保缴费率增加了企业用工成本，降低了企业的缴费能力与缴费收入，影响了养老保险制度的可持续发展。

4.2.2 研究假设

本质上而言，企业价值就是企业为股东创造的利润（吴联生，2009）②。根据税收与企业价值之间关系的相关研究（刘行、李小荣，2012③；李林木、汪冲，2017④），企业实际税费降低能够减少企业资源向政府的转移，有利于提高企业利润，增加企业现金流，刺激企业扩大投资规模，进而可以促进企业价值提升；反之，若企业税费负担过重，则会加重企业成本，降低企业利润空间，挤占企业现金流，从而对企业投资产生消极影响并降低企业价值。

偏高的社会保险缴费负担加重了企业的经营成本，降低了企业活力，不利于企业转型与升级，在经济下行压力较大的时期更是给企业带来了严峻挑战。企业的社会保险缴费由于在职员工认可度不高、劳动力供给弹性低以及最低工资制度规定等因素影响而难以转嫁给企业职工，这无疑加重了企业实际负担的成本（杨俊，2008⑤；朱文娟等，2013⑥）。融资约束视角的研究证实，由于企业面对的并非完美市场，信息不对称的存在使得内部融资的机会成本低于外部融资，当企业外部融资行为受到约束时，企业投资在更大程度上依赖于内部现金流（Steven et al.，1988⑦）。社会保险缴费使得资源从企业流入政府部门，增加了企业的负担和成本，从而增加了企业的现金流出。因此，在融资约束普遍存在的背景下，偏高的社保缴费负担造成的企业现金流减少对投资产生挤出效

---

① 1995 年以来，上海养老保险单位缴费率从 22.5% 降到 2004 年的 22%，2013 年后降到 21%，2016 年阶段性降费，养老保险缴费比例下降到法定水平 20%。

② 吴联生：《国有股权、税收优惠与公司税负》，载于《经济研究》2009 年第 10 期。

③ 刘行、李小荣：《金字塔结构、税收负担与企业价值：基于地方国有企业的证据》，载于《管理世界》2012 年第 8 期。

④ 李林木、汪冲：《税费负担、创新能力与企业升级——来自"新三板"挂牌公司的经验证据》，载于《经济研究》2017 年第 11 期。

⑤ 杨俊：《养老保险和工资与就业增长的研究》，载于《社会保障研究》2008 年第 2 期。

⑥ 朱文娟等：《中国社会保险缴费对就业的挤出效应》，载于《中国人口·资源与环境》2013 年第 1 期。

⑦ Steven et al.，1988，Financing Constraints and Corporate Investment，*Brookings Papers on Economic Activity*，1988（1），pp. 141 –206.

应，从而削弱了企业的投资意愿和投资能力。此外，大量研究证实了包括增值税转型在内的税收减免措施能够促进企业固定资产投资增加，提升生产经营效率与经营绩效（Salinger and Summers，1981[①]；Carroll et al.，1998[②]；申广军等，2016[③]；许伟、陈斌开，2016[④]；行伟波，2012[⑤]；付文林、赵永辉，2014[⑥]）。基于以上分析，本研究认为偏高的社会保险缴费率增加了企业负担，挤占了企业利润空间，减少了企业现金流，抑制了企业投资，最终影响了企业价值。反之，社会保险费率的降低则激励企业增加投资并提升企业价值。因此我们提出研究假设 1：

假设 1：社保缴费率的降低激励企业增加投资支出进而提升企业价值。

所有制是影响实际税费的重要因素，国有股权比重越高的企业其实际税费也越高，这是因为国有企业承担着更多的社会责任，导致其并非完全以利润最大化为目标（吴联生，2009）[⑦]。一些实证研究发现，不同所有制的企业，其社保缴费能力存在差异，国有企业缴费能力强于民营企业（孙博、吕晨红，2011）[⑧]，相比于一般缺乏政治联系的民营企业，国有企业因其与政府存在天然联系，更容易从政府获取廉价资源以及财政补贴和优惠贷款（余明桂等，2010[⑨]；步丹璐、黄杰，2013[⑩]），因此，其企业价值对社会保险的缴费率变化的敏感度较低。企业年金的发展可以作为民营企业对社保缴费率变化更为敏感的一个例证。我国国有企业在企业年金总额中的占比高达 3/4，而中小民营企业的占比则很小（郑秉文，2016）[⑪]；

① Salinger，M. A.，L. H. Summers，1981，Tax Reform and Corporate Investment：A Microelectronic Simulation Study，*NBER Working Paper*，No. 757.

② Carroll，R. et al.，1998，Entrepreneurs，Income Taxes and Investment，NBER Working Paper 6374.

③ 申广军等：《减税能否提振中国经济？——基于中国增值税改革的实证研究》，载于《经济研究》2016 年第 11 期。

④ 许伟、陈斌开：《税收激励和企业投资——基于 2004～2009 年增值税转型的自然实验》，载于《管理世界》2016 年第 5 期。

⑤ 行伟波：《税收激励、资本价格与投资行为——基于中国省级面板数据的实证分析》，载于《世界经济文汇》2012 年第 4 期。

⑥ 付文林、赵永辉：《税收激励、现金流与企业投资结构偏向》，载于《经济研究》2014 年第 5 期。

⑦ 吴联生：《国有股权、税收优惠与公司税负》，载于《经济研究》2009 年第 10 期。

⑧ 孙博、吕晨红：《不同所有制企业社会保险缴费能力比较研究——基于超越对数生产函数的实证分析》，载于《江西财经大学学报》2011 年第 1 期。

⑨ 余明桂等：《政治联系、寻租与地方财政补贴有效性》，载于《经济研究》2010 年第 3 期。

⑩ 步丹璐、黄杰：《企业寻租与政府的利益输送——基于京东方的案例分析》，载于《中国工业经济》2013 年第 6 期。

⑪ 郑秉文：《供给侧：降费对社会保险结构性改革的意义》，载于《中国人口科学》2016 年第 3 期。

并且实施企业年金的企业大多是国有企业（苏中兴，2016）[1]，由此可以推断，社保缴费给国有企业带来的资金和成本压力可能小于民营企业。基于上述分析我们提出研究假设2：

假设2：社保缴费率变化对民营企业价值的影响程度大于国有企业。

实际社保缴费率与名义社保缴费率之间存在密切关联，虽然在中央层面对名义缴费率做出了规定，但各地区一般可结合经济发展水平及人口年龄结构对名义缴费率进行适当调整，从而导致不同地区的名义缴费率和实际缴费率都存在一定差别（宋晓梧，2017）[2]。另一方面，吉利等（Gillion et al.，2000）[3]认为，在竞争环境中，政府为增加就业和税收，有放松监管从而降低企业实际缴费水平的动机。而且，在道德风险猖獗、法不责众甚至企业与地方主管部门合谋的情况下，逃费成为公开的秘密（郑秉文，2016）[4]，社保经办机构也不得不妥协（苏中兴，2016）[5]。因此研究社保缴费对企业价值的影响需要考虑企业所在地因素，在缴费率水平不同地区的企业，其承担的社保缴费压力大小不同，企业价值对社保缴费率变动的反应也可能存在差异，高缴费地区企业对缴费率变化更加敏感。基于上述分析我们提出研究假设3：

假设3：社保缴费率变化对高缴费率地区企业的价值影响程度大于低缴费率地区企业。

4.3 研究设计

4.3.1 联立方程构建

相比于单一方程，联立方程模型（SEM）有诸多优点，其能够克服内生性问

---

[1] 苏中兴：《基本养老保险费率：国际比较、现实困境与改革方向》，载于《中国人民大学学报》2016年第1期。

[2] 宋晓梧：《企业社会保险缴费成本与政策调整取向》，载于《社会保障评论》2017年第1期。

[3] Gillion, C. et al., 2000, Social Security Pensions: Development and Reform. Geneva: International Labor Office.

[4] 郑秉文：《供给侧：降费对社会保险结构性改革的意义》，载于《中国人口科学》2016年第3期。

[5] 苏中兴：《基本养老保险费率：国际比较、现实困境与改革方向》，载于《中国人民大学学报》2016年第1期。

题，得到的估计结果更加可靠，更重要的是能够全面反映各经济变量之间的复杂运行机制（王昀、孙晓华，2017）①。本部分构建的联立方程模型如下：

$$Q_{i,t} = \alpha_0 + \alpha_1 INV_{i,t} + \alpha_2 X_{i,t} + YEAR + INDUSTRY + \varepsilon_1 \qquad (4-1)$$

$$INV_{i,t} = \beta_0 + \beta_1 RATE_{i,t} + \beta_2 Y_{i,t} + INDUSTRY + YEAR + \varepsilon_2 \qquad (4-2)$$

$$RATE_{i,t} = \gamma_0 + \gamma_1 Q_{i,t} + \gamma_2 Z_{i,t} + YEAR + INDUSTRY + \varepsilon_3 \qquad (4-3)$$

其中方程（4-1）为企业价值方程，$Q_{i,t}$ 为被解释变量，代表企业价值。方程（4-2）为新增投资方程，被解释变量 $INV_{i,t}$ 代表企业的新增投资，同时该变量也是此联立方程模型的传导机制变量。方程（4-3）为社保缴费率方程，$RATE_{i,t}$ 为实际社保缴费率。方程中的 $X_{i,t}$、$Y_{i,t}$ 和 $Z_{i,t}$ 均为控制变量。此外，我们在各方程中引入行业虚拟变量 INDUSTRY 和时间虚拟变量 YEAR 对行业和年份加以控制，以使回归结果更为稳健。

4.3.2　数据与变量

本章企业价值采用托宾 Q，数据来自锐思数据库，其他数据均来自国泰安 CSMAR 数据库。由于制造业公司对成本的变动更为敏感，因此我们更容易测度其社保缴费率高低与企业价值之间的联系。此外，制造业上市公司较多，样本充足，从而能够减少估计偏差，提高回归精确度，增强说服力。因此，本章选取 2007② ~2014 年间沪深 A 股主板制造业上市公司作为研究对象，在剔除了 ST 和 ST* 公司、财务数据异常（如资产负债率大于 1，实际已经资不抵债的公司）和数据缺失的公司后，最终得到了 2007 ~2014 年连续 8 年披露社保缴费数据的样本共计 3051 个。同时，本章对所有的变量数据都在 1% 和 99% 分位上进行了缩尾处理。

方程（1）中，企业价值（Q）为该方程的被解释变量，我们使用托宾 Q 来衡量企业价值，其数值为上市公司的股权价值与债权价值之和除以期末总资产。其中股权价值等于每股价格乘以流通股股数加上每股净资产乘以非流通股股数，债权价值等于负债的账面价值。就企业层面而言，可以把托宾 Q 看作剔除了通货膨胀因素后的企业净资产的市场价值与其账面价值的比值。托宾 Q 值相对容易测

---

① 王昀、孙晓华：《政府补贴驱动工业转型升级的作用机理》，载于《中国工业经济》2017 年第 10 期。

② 根据我国新《企业会计准则》规定，自 2007 年起，上市公司要在财务报表附注中披露社保缴费的具体数据，使得本研究能够获取测算实际社保缴费率的相应数据。

量，且能够较为准确地反映企业市场价值，而且从本质上讲，市场价值由企业内涵价值所决定，是内涵价值的表现形式，该指标在企业价值研究领域得到了广泛应用。企业新增投资（INV）为企业价值方程的解释变量，其数值等于企业构建固定资产、无形资产和其他长期资产支出的现金除以期初总资产。控制变量选取了企业特征变量和治理变量，包括：企业规模（SIZE）、资产负债率（LEV）、成长机会（GROWTH）、上市年龄（AGE）、第一大股东持股比例（TOP1）、高管薪酬（PAY）、独立董事比重（IND）和董事长是否兼任总经理（DUALITY）的虚拟变量。

方程（2）中，企业新增投资是新增投资方程的被解释变量，同时也是本研究的机制变量。根据我们构建的联立方程模型可知，实际社保缴费率（RATE）的变动会引起企业新增投资的变动，而企业新增投资的变动则会导致企业价值（Q）发生波动。实际社保缴费率（RATE）是新增投资方程的解释变量，同时也是本研究重点关注的核心变量。由于我国存在缴费基数不实等问题，导致实际社保缴费率远低于名义社保缴费率（宋晓梧，2017）[1]。我们参照封进（2013）[2] 的做法，构建实际社保缴费率指标作为解释变量。关于实际社保缴费率的计算，我们参考刘苓玲、慕欣芸（2015）[3] 的做法，具体测度公式为：

企业实际社保缴费率 = 社会保险费/工资、奖金、津贴和补贴

控制变量包括：资产收益率（ROA）、自由现金流（CFA）、企业规模（SIZE）、资产负债率（LEV）和企业成长性（Q）[4]。

方程（3）中，实际社保缴费率方程的被解释变量为实际社保缴费率（RATE），解释变量为企业价值（Q），我们参考吴联生（2009）[5] 及刘行、李小荣（2012）[6] 的做法，选取了存货密集度（INVEN）、有形资本密集度（FA）、无形资本密集度（IA）、投资收益（IFI）、企业规模（SIZE）和资产负债率（LEV）作为控制变量。

联立方程模型变量相关定义见表4-1。

---

① 宋晓梧：《企业社会保险缴费成本与政策调整取向》，载于《社会保障评论》2017年第1期。
② 封进：《中国城镇职工社会保险制度的参与激励》，载于《经济研究》2013年第3期。
③ 刘苓玲、慕欣芸：《企业社会保险缴费的劳动力就业挤出效应研究——基于中国制造业上市公司数据的实证分析》，载于《保险研究》2015年第10期。
④ 托宾Q本身除了代表企业价值，也可以用来衡量企业的成长性。
⑤ 吴联生：《国有股权、税收优惠与公司税负》，载于《经济研究》2009年第10期。
⑥ 刘行、李小荣：《金字塔结构、税收负担与企业价值：基于地方国有企业的证据》，载于《管理世界》2012年第8期。

表4-1 联立方程模型变量一览表

方程名称	变量符号	变量含义	计算公式
企业价值方程	Q	托宾Q	（每股价格×流通股股数＋每股净资产×非流通股股数＋负债账面价值）/期末总资产
	INV	新增投资	购建固定资产、无形资产和其他长期资产支出的现金/期初总资产
	SIZE	企业规模	期末总资产的自然对数
	LEV	资产负债率	期末总负债/期末总资产
	GROWTH	成长机会	营业收入增长率
	AGE	上市年龄	样本年份－上市年份
	TOP1	第一大股东持股比例	第一大股东持股数/总股本
	PAY	高管薪酬	前三名高管薪酬平均数的自然对数
	DUALITY	董事长兼任总经理	若兼任则取1，否则取0
	IND	独立董事比重	独立董事人数/全体董事人数
新增投资方程	RATE	实际社保缴费率	社会保险费/工资、奖金、津贴和补贴
	ROA	资产收益率	净利润/总资产
	CFA	自由现金流	（净利润＋利息费用＋非现金支出－营运资本追加－资本性支出）/期末总资产
社保缴费率方程	INVEN	存货密集度	存货净值/总资产
	FA	有形资本密集度	固定资产净值/总资产
	IA	无形资本密集度	无形资产净值/总资产
	IFI	投资收益	投资收益/总资产

注：新增投资方程中的INV、SIZE、LEV、Q，以及实际社保缴费率方程中的RATE、SIZE、LEV、ROA等变量的含义与计算公式均与前文相同，未在表格中重复列示。

4.3.3　描述性统计

样本描述性统计如表4-2所示。在基准回归分析中，按照托宾Q衡量的制造业企业价值相差较大，跨度从0.9090（最小值）到8.9721（最大值）。同时，解释变量实际社保缴费率最大值与最小值分别是3.39%和46.91%，样本公司的平均实际缴费水平约为20.11%，与名义缴费率之间存在一定的差距，进一步印证了选择实际缴费率进行研究的合理性。此外，机制变量新增投资的均值为 0.0689，不同企业的投资支出存在一定差距，最小值和最大值分别为 0.0022 和 0.3544。

表 4 - 2   样本描述性统计

变量	全样本			
	均值	标准差	最小值	最大值
Q	2.4684	1.5614	0.9090	8.9721
RATE	0.2011	0.0887	0.0339	0.4691
INV	0.0689	0.0659	0.0022	0.3544
SIZE	21.9772	1.0924	19.6139	24.9413
LEV	0.4896	0.1770	0.0877	0.8608
GROWTH	0.1799	0.3455	− 0.3723	2.3092
AGE	12.1082	3.8955	4.0000	21.0000
TOP1	0.3505	0.1444	0.0850	0.7053
PAY	12.8355	0.7726	11.0021	14.7118
DUALITY	0.1449	0.3520	0.0000	1.0000
IND	0.3602	0.0514	0.1818	0.5556
CFA	0.0041	0.0945	− 0.3551	0.2114
ROA	0.0531	0.0513	0.0011	0.2516
INVEN	0.1708	0.1040	0.0232	0.5593
FA	0.2753	0.1520	0.0330	0.6755
IA	0.0425	0.0367	0.0000	0.2019
IFI	0.0095	0.0199	− 0.0076	0.1149
样本数量	3051			

资料来源：作者依据国泰安 CSMAR 数据库和锐思数据库整理所得。

4.4   实证结果分析

4.4.1   社会保险缴费对企业价值的影响

利用前文构建的联立方程模型，采用三阶段最小二乘法（3SLS）对总样本数据进行回归，并以普通最小二乘法（OLS）回归结果作为参照。表 4 - 3 给出了总样本数据的回归结果。其中，（1）~（3）列报告了普通最小二乘法的估计结果，（4）~（6）列报告了三阶段最小二乘法的估计结果。

表 4 - 3　　　　实际社保缴费率通过新增投资影响企业价值的回归结果

变量	普通最小二乘法（OLS）			三阶段最小二乘法（3SLS）		
	(1) Q	(2) INV	(3) RATE	(4) Q	(5) INV	(6) RATE
INV	1. 158 *** (0. 372)			4. 456 *** (0. 711)		
SIZE	− 0. 517 *** (0. 0274)	0. 0108 *** (0. 0013)	0. 0074 *** (0. 0018)	− 0. 485 *** (0. 0273)	0. 0155 *** (0. 0033)	0. 103 *** (0. 0147)
LEV	− 1. 328 *** (0. 143)	0. 0454 *** (0. 0072)	− 0. 0085 (0. 0106)	− 1. 417 *** (0. 144)	0. 0494 *** (0. 0087)	0. 0859 *** (0. 0178)
GROWTH	0. 362 *** (0. 0685)			0. 0017 (0. 0575)		
AGE	0. 0167 ** (0. 0074)			0. 0089 (0. 0068)		
TOP1	0. 608 *** (0. 172)			0. 586 *** (0. 134)		
PAY	0. 267 *** (0. 0350)			0. 0513 * (0. 0267)		
IND	− 0. 250 (0. 436)			− 0. 523 (0. 335)		
DUALITY	0. 0634 (0. 0643)			− 0. 0887 * (0. 0486)		
Q		0. 0007 (0. 0010)	0. 0052 *** (0. 0014)		0. 0078 (0. 0053)	0. 202 *** (0. 0269)
RATE		− 0. 0487 *** (0. 0127)			− 0. 566 *** (0. 0619)	
ROA		0. 263 *** (0. 0274)	− 0. 379 *** (0. 0391)		0. 128 (0. 0802)	− 2. 104 *** (0. 375)
CFA		− 0. 222 *** (0. 0110)			− 0. 220 *** (0. 0127)	

续表

变量	普通最小二乘法（OLS）			三阶段最小二乘法（3SLS）		
	(1) Q	(2) INV	(3) RATE	(4) Q	(5) INV	(6) RATE
INVEN			0.0282 (0.0173)			0.0818 *** (0.0223)
FA			0.0109 (0.0130)			0.0981 *** (0.0299)
IA			−0.0818 * (0.0432)			−0.730 *** (0.142)
IFI			0.541 *** (0.0790)			1.106 *** (0.142)
常数项	11.16 *** (0.582)	−0.145 *** (0.0282)	0.0475 (0.0414)	13.12 *** (0.579)	−0.155 * (0.0822)	−2.610 *** (0.385)
行业	控制			控制		
年份	控制			控制		

注：*、**、*** 分别表示在 10%、5% 和 1% 的显著性水平上显著，括号内的数字为稳健标准差。
资料来源：作者依据国泰安 CSMAR 数据库和锐思数据库计量所得。如没有特殊说明，下同。

从模型系统整体来看，无论是普通最小二乘法还是三阶段最小二乘法的回归结果均显示，我们重点关注的解释变量实际缴费率（RATE）系数均显著为负，机制变量新增投资（INV）系数均显著为正，表明实际社保缴费率降低确实增加了企业新增投资，而新增投资的增加又使企业价值得到提高。

由于最小二乘法的回归结果缺乏稳健性，因此我们重点关注三阶段最小二乘法的回归结果。具体而言，企业价值方程（4）中，解释变量企业新增投资（INV）的回归系数在 1% 的水平上显著为正，说明企业新增投资与企业价值存在显著的正向关系，新增投资增加会导致企业价值提高，可能的原因是新增投资的增加提高了企业生产设备更新换代及生产技术升级的速度，这一研究结论与申广军等（2016）[1]、李林木和汪冲（2017）[2] 的研究结果一致。同时，投资增加增强

---

① 申广军等：《减税能否提振中国经济？——基于中国增值税改革的实证研究》，载于《经济研究》2016 年第 11 期。
② 李林木、汪冲：《税费负担、创新能力与企业升级——来自"新三板"挂牌公司的经验证据》，载于《经济研究》2017 年第 11 期。

了企业的发展后劲，提升了企业的市场竞争地位，降低了投资竞争风险，有利于企业扩大市场份额和增加收入，加速企业的发展，使其市场价值得以提升。

企业新增投资方程（5）中，解释变量实际社保缴费率（RATE）的回归系数在 1% 的水平上显著为负，实际缴费率与企业新增投资之间存在显著的负向关系，表明实际缴费率降低会导致企业新增投资增加，这与假设 1 相一致。

在实际社保缴费率方程（6）中，企业价值（Q）的回归系数在 1% 的水平上显著为正，表明随着企业价值的提高，企业实际缴费率提高，可能的原因是在企业运营良好、经营绩效提高时，企业的社保缴费的承担能力较强，企业在与地方政府的博弈中选择避免道德风险，社保缴费遵从度提高，实际缴费率提高。这也从另外一个侧面说明降低名义缴费率有利于降低企业的逃费冲动，从而提高社保缴费的实际缴费水平。另外，根据拉弗曲线可知，当税率低于一定水平时，提升税率可以增加税收收入；而当税率高于该水平时，继续提高税率则会导致税收收入下降。该理论对于社会保险缴费同样具有一定的适用性，降低或阶段性降低社会保险名义缴费率反而有利于实际缴费率的提升和缴费收入的增长。

为进行经济意义分析，我们将样本均值公司看作典型公司。具体而言，实际社保缴费率每降低 1 个百分点，会使企业投资现金支出增加约 4094 万元[①]，而投资支出的增加使企业市场价值上升约 18614 万元[②]。我们认为可能的原因是降低社保缴费率减轻了企业负担，激励企业增加投资支出，提升了企业研发创新能力，企业市场竞争力上升，最终对企业价值提升产生了积极影响。综上，社保缴费降低会激励企业增加投资支出进而提升企业价值，假设 1 得到检验。

4.4.2　社会保险缴费对企业价值影响的所有制差异

我们进一步将总样本按照所有制的不同划分为国有企业样本和民营企业样本两组[③]。在全部的 3051 个样本中，有些样本在测算期间内发生了所有制改变，为

---

① 企业新增投资 INV 等于企业构建固定资产、无形资产和其他长期资产支出的现金除以期初总资产，总样本期初总资产的均值为 723374 万元，因此企业投资现金支出减少约 $0.01 \times 0.566 \times 723374 = 4094$（万元）。下文中相关计算方法与此相同。

② 托宾 Q 等于股权市值与债务价值之和除以期末总资产，期末总资产的均值为 738026 万元，因此企业的市场价值下降约 $0.01 \times 4.456 \times 0.566 \times 738026 = 18614$（万元）。下文中相关计算方法与此相同。

③ 所有制根据企业实际控制人性质判断，由于外资控股、社会团体控股和集体控股等样本过少，因此我们只选取了国有控股和民营控股两类进行测算。

了确保样本数量充足，我们把样本企业是否在 6 年或 6 年以上属于同一种所有制性质作为将其归属到国有样本或民营样本的判断标准，如深天马（000050）在 2008 年实际控制人性质由民营转化为国有，并在 2008～2014 年 7 年时间内保持不变，则将其划分为国有样本。经过筛选后，最终得到了 1879 个国有样本和 852 个民营样本。表 4-4 给出了国有企业样本和民营企业样本的三阶段最小二乘法回归结果。企业价值方程中，国有样本公司和民营样本公司新增投资（INV）的系数均在 1% 水平上显著为正；企业新增投资方程中，国有样本公司和民营样本公司实际社保缴费率（RATE）的系数均在 1% 水平上显著为负。由此可以得出结论：无论是国有制造业企业还是民营制造业企业，其实际社保缴费率下降都会使企业新增投资增加，从而提升企业价值，进一步印证了假设 1 的正确性。具体而言，实际社保缴费率每降低 1% 会使国有制造业上市公司和民营制造业上市公司的市场价值分别上升约 14728 万元和 25383 万元。通过对比具体数据可以发现，实际社保缴费率的降低对民营制造业上市公司的企业价值的影响程度大于国有制造业上市公司，其原因在于，国有企业与政府存在天然联系，在获取包括银行贷款和政府补贴及其他资源等方面，与一般民营企业相比具有得天独厚的优势，因此社会保险缴费率变化对国有企业的企业价值影响程度小于民营企业，假设 2 得到验证。

表 4-4　　　　　　　　　分所有制样本回归结果（三阶段最小二乘法）

变量	国有样本			民营样本		
	Q	INV	RATE	Q	INV	RATE
INV	3.266 *** (0.789)			13.42 *** (1.642)		
Q		0.0307 *** (0.0091)	0.361 *** (0.0402)		0.0413 *** (0.0057)	0.0360 * (0.0218)
RATE		-0.503 *** (0.0768)			-0.392 *** (0.0962)	
常数项	10.92 *** (0.658)	-0.336 *** (0.118)	-4.210 *** (0.527)	16.52 *** (1.520)	-0.865 *** (0.113)	-0.592 (0.376)
行业	控制			控制		
年份	控制			控制		

4.4.3　社会保险缴费对企业价值影响的地区差异

我国社会保险缴费率多年来存在地区差异大的问题。由于不同地区的经济发展状况、人口结构不同，各省份结合自身实际情况而确定的名义社保缴费率也存在差异，而企业的实际缴费率必然与其所在地规定的名义缴费率有着密切联系。为探究高缴费率地区的企业的市场价值对社保缴费率变动的敏感程度与低缴费率地区的企业相比是否会更加显著，我们按照各省份样本的平均实际缴费率的大小，将我国 31 个省份划分为高缴费率和低缴费率两组[1]，最终得到高缴费率地区公司样本 1082 个和低缴费率地区公司样本 1969 个。表 4－5 报告了按实际社保缴费率水平划分地区样本的回归结果。高缴费率地区和低缴费率地区的企业实际社保缴费率（RATE）对企业新增投资（INV）的回归系数均在 1% 水平上显著为负，证明实际社保缴费率降低会增加企业新增投资；企业新增投资（INV）对企业价值（Q）回归系数均在 1% 水平上显著为正，说明新增投资对企业价值存在正向影响，企业新增投资增加会使企业价值提高。由此可知，无论是在高缴费率地区还是低缴费率地区，企业实际社保缴费率降低都会使其新增投资增加进而提高企业价值。具体而言，企业的实际社保缴费率每降低 1 个百分点，高缴费率地区和低缴费率地区的制造业上市公司市场价值将分别提高约 39632 万元和18636 万元。通过数据对比可以发现，实际社保缴费率对高缴费率地区制造业上市公司的企业价值影响程度更大，原因在于相比于低缴费率地区，高缴费率地区的企业承担的社保缴费负担更重，企业对社会保险缴费率的变化更为敏感，高缴费率挤占企业现金流和利润空间，造成企业缺乏可用于投资的资源，减缓企业发展速度，最终导致企业价值受到影响的程度更大。因此，假设 3 得到检验。

表 4－5　　　　　　　　分地区样本回归结果（三阶段最小二乘法）

变量	高缴费率地区			低缴费率地区		
	Q	INV1	RATE	Q	INV1	RATE
INV	8.431 *** (1.557)			6.327 *** (1.051)		

① 高缴费率地区包括吉林、辽宁、河北、重庆、黑龙江、甘肃、宁夏、陕西、云南、S、天津、广西、内蒙古、上海、湖南；低缴费率地区包括新疆、江苏、北京、贵州、青海、湖北、安徽、山东、福建、四川、江西、河南、海南、西藏、浙江、广东。

变量	高缴费率地区			低缴费率地区		
	Q	INV1	RATE	Q	INV1	RATE
Q		0.0108 (0.0070)	0.0750 *** (0.0177)		0.0132 * (0.0073)	0.0239 (0.0207)
RATE			− 0.505 *** (0.0701)			− 0.466 *** (0.0869)
常数项	15.49 *** (1.011)	− 0.255 ** (0.111)	− 1.040 *** (0.256)	10.66 *** (0.760)	− 0.205 * (0.113)	− 0.169 (0.290)
行业	控制			控制		
年份	控制			控制		

4.4.4　稳健性检验

权益净利率（ROE）等于净利润除以股东权益，反映企业的盈利能力，代表着股东权益的获利水平及企业自有资本的利用效率和获利能力，也被看作衡量企业价值的有效指标。

表4-6给出的是以权益净利率替换企业价值方程中的托宾 Q 来衡量企业价值，进行三阶段最小二乘法回归的结果。由表4-6可知，采用三阶段最小二乘法，实际社保缴费率（RATE）对企业新增投资（INV）的回归系数在1%水平上显著为负，且企业新增投资（INV）对权益净利率（ROE）的回归系数在1%水平上显著为正，证明企业实际社会缴费率降低会增加企业新增投资，从而提升企业价值，与前文结论一致。

表4-6　　　　　　　　　　稳健性检验回归结果

变量	普通最小二乘法（OLS）			三阶段最小二乘法（3SLS）		
	ROE	INV	RATE	ROE	INV	RATE
INV	0.114 *** (0.0234)			0.765 *** (0.0591)		
Q		0.0007 (0.0010)	0.0052 *** (0.0014)		0.0023 ** (0.0011)	0.0050 *** (0.0014)
RATE		− 0.0487 *** (0.0127)			− 0.571 *** (0.0533)	

续表

变量	普通最小二乘法（OLS）			三阶段最小二乘法（3SLS）		
	ROE	INV	RATE	ROE	INV	RATE
常数项	−0.454 *** （0.0366）	−0.145 *** （0.0282）	0.0475 （0.0414）	−0.293 *** （0.0406）	−0.0235 （0.0335）	0.0422 （0.0406）
行业	控制			控制		
年份	控制			控制		

此外，我们进一步探究了偏高社保缴费率是否会加剧企业投资不足。首先，借鉴理查德森（Richardson，2006）[①] 的方法建立了如下投资效率模型：

$$INVEST_{i,t} = \lambda_0 + \lambda_1 SIZE_{i,t-1} + \lambda_2 LEV_{i,t-1} + \lambda_3 AGE_{i,t-1} + \lambda_4 RET_{i,t-1} + \qquad (4-4)$$
$$\lambda_5 GROWTH_{i,t-1} + INDUSTRY + YEAR + \varepsilon_4$$

被解释变量为投资效率（INVEST），解释变量包括公司规模（SIZE）、资产负债率（LEV）、上市年龄（AGE）、股票回报率（RET）和成长机会（GROWTH）。采用全部 3051 个制造业上市公司样本数据对投资效率模型进行回归，其残差表示非效率投资，负数意味着投资不足，其绝对值越大表示投资不足程度越严重。我们从中筛选出了 1580 个投资不足样本，进一步参考王克敏等（2016）[②] 的方法建立如下投资不足模型：

$$E_{i,t} = \mu_0 + \mu_1 RATE_{i,t-1} + \mu_2 C_{i,t} + YEAR + INDUSTRY + \varepsilon_5 \qquad (4-5)$$

投资不足程度（E）为被解释变量，实际社保缴费率（RATE）为解释变量，第一大股东持股比例（TOP1）、董事长是否兼任总经理（DUALITY）、独立董事比重（IND）和全体董事人数（BOARD）共同作为控制变量 C。由表 4−7 可知，无论是采用普通最小二乘法还是固定效应模型，实际社保缴费率（RATE）的系数均显著为正，表明社保缴费率与投资不足之间存在显著的正向关系，社保缴费率降低能够缓解企业投资不足的程度，进而降低对企业价值造成的不利影响（周伟贤，2010[③]；池国华等，2013[④]），进一步验证了本章研究结论的稳健性。

---

① Richardson, S., 2006, Over-investment of Free Cash Flow, *Review of Accounting Studies*, 11（2−3），pp. 159−189.

② 王克敏等：《产业政策、政府支持与公司投资效率研究》，载于《管理世界》2016 年第 3 期。

③ 周伟贤：《投资过度还是投资不足——基于 A 股制造业上市公司的经验证据》，载于《中国工业经济》2010 年第 9 期。

④ 池国华等：《EVA 考核提升了企业价值吗？——来自中国国有上市公司的经验证据》，载于《会计研究》2013 年第 11 期。

表 4 – 7 实际社保缴费率对投资不足的影响

变量	普通最小二乘法（OLS）	固定效应模型（FE）
	E	E
RATE	0.0489 *** (0.0093)	0.0439 ** (0.0173)
TOP1	– 0.0303 *** (0.0064)	– 0.0148 (0.0208)
DUALITY	0.0007 (0.0024)	– 0.0028 (0.0035)
IND1	– 0.0053 (0.0152)	– 0.0301 (0.0277)
BOARD1	0.0005 (0.0005)	0.0005 (0.0013)
常数项	0.0263 *** (0.0092)	0.0175 (0.0208)
行业	控制	控制
年份	控制	控制

4.5 结论及政策建议

本章利用国泰安 CSMAR 数据库和锐思数据库中我国沪深 A 股主板制造业上市公司 2007 ~ 2014 年的财务数据，借助由企业价值方程、企业新增投资方程和企业实际社保缴费率方程构建的联立方程模型，采用三阶段最小二乘法进行回归分析，研究了社保缴费率对企业价值的影响及其影响路径。实证研究发现，对于我国制造业上市公司而言，社保缴费率的降低激励企业投资支出的增加，进而对企业的市场价值产生积极影响。进一步研究表明，社保缴费率对民营企业和高缴费率地区企业的市场价值影响程度分别高于国有企业和低缴费率地区企业。

基于研究结论，我们提出以下政策建议：第一，进一步降低企业整体社保缴费率，切实降低企业经营成本，减轻企业负担，激励企业特别是民营增加投资，增强企业的市场活力，提升企业的经营绩效与市场价值，落实高质量发展要求。自 2015 年以来，国务院已经连续 5 次降低或阶段性降低企业社保缴费率，总体的社保费率由 41% 降至 37.25%，降费幅度接近 10%，但是养老保险目前的企业法定费率最低仍然是 19%，是"五险"中缴费率最高的一险。为此，要继续减轻企业负担，应研究降低养老保险费率。一方面，逐步降低政府发起的基本养老金占退休者收入的比重，借鉴世界银行提倡的"三支柱"模式，利用税收政策鼓励企业年金和个税递延型商业养老保险的发展，完善激励相容的多层次养老保险制度设计，重构政府、企业与个人间的责任分担机制，将养老保险责任适当转移给个人；另一方面，拓宽社保基金投资的渠道，提高社保基金投资收益率，全球配置社保基金投资，为养老保险费率降低奠定坚实的财务基础。第二，统一缴费机制，促进市场竞争的公平性。充分发挥市场的作用，让不同所有制、不同地区的企业在同一起跑线进行公平的竞争，同时，进行社保费率制度调整时要注重结合实际情况，切实降低各类企业社保缴费负担，确保企业的缴费负担与实际缴费能力相适应。为此，应改革养老金省级调剂金制度，实现基本养老金全国统筹。只有实现了基本养老金全国统筹，弥补个别地方的养老金缺口，才有可能统一养老保险的缴费机制。第三，适时推出延迟退休政策。延迟退休年龄是老龄化社会发展的大势所趋，是降低养老保险缴费率的前提。随着人口的老龄化，我国劳动力年龄人口在 2011 年达到峰值 9.4 亿，随后一直下降，未来劳动人口的定义和结构将发生变化。延迟退休年龄一方面能够弥补劳动力供给的下降，另一方面也能减轻财政负担。要保持养老金收支基本平衡并适时下调社会保险缴费率。

第5章

退休对健康的影响[①]

为缓解养老金支付压力，为降低企业缴费率提供坚实的"财务"基础，延迟退休年龄政策日渐迫切。然而，延迟退休是一项涉及几乎所有劳动力群体、影响面广、政策的社会影响大、社会敏感度高的社会经济政策。其中，延迟退休对健康和就业的影响是制定延迟退休政策必须慎重考虑的政策参数。

5.1 引　言

延迟退休年龄是老龄化社会发展的大势所趋。根据国家统计局2018年发布的最新数据，截止到2017年底，我国60岁及以上人口为2.41亿人，占总人口的17.3%，65岁以上老年人口为1.5亿人，占总人口的11.4%。根据联合国的人口预测，2030年我国60岁及以上人口将超过3亿，占总人口的21%，人口老龄化趋势不可逆转。人口老龄化对我国养老保险制度可持续发展提出挑战，延迟退休被提上政府议事日程。早在2005年，当时的劳动和社会保障部就进行过延迟退休年龄的研究，2012年《社会保障"十二五"规划纲要》第二次提出研究弹性推迟领取养老金政策，2013年，《中共中央关于全面深化改革若干重大问题的决定》提出，研究制定渐进式延迟退休年龄政策。然而，时至今日，由于涉及面广，延迟退休的方案仍未公布。对养老保险制度形成挑战的另一个因素是经济增速的变化，2010年是我国经济增长速度变化的分水岭，我国GDP增长率进入个位数时代。人口老龄化与经济增速放缓对中国养老保险

---

① 本章工作初步完成于2017年6月。

的财务可持续性带来了诸多不确定性与风险，为缓解养老金支付压力，延迟退休年龄已势在必行。我国现行退休年龄的规定出自 1978 年发布的《国务院关于安置老弱病残干部的暂行办法》和《国务院关于工人退休、退职的暂行办法》两个文件，男性为 60 周岁，女性职工为 50 周岁，女性干部为 55 周岁，法定退休年龄远低于 OECD 主要发达和发展中国家（苏春红、李齐云，2014）[1]。现行的退休年龄规定与我国经济发展、人口结构变化极不相称，延迟退休年龄改革呼之欲出。一方面，延迟退休增加劳动力供给与产出，提高人力资本的利用效率；另一方面，延迟退休减少退休人员领取养老金的余命岁数，提高养老保险的支付能力。然而，健康资本是人力资本价值的重要组成部分，延迟退休年龄政策的制定应考虑退休对健康的影响。如果退休对健康产生负面影响，延迟退休在提高养老金支付能力的同时，还能降低医疗费用的开支，提高居民的福利水平；反之，如果退休对健康产生正面影响，延迟退休的政策目标收益可能被医疗支出的增长所抵消（Sahlgren，2017）[2]。因此，政府制定延迟退休政策时应权衡成本与收益，并利用其影响机制调整老年劳动者的健康行为和工作时间。因此，研究退休对健康的影响及其背后的作用机制，将为延迟退休政策的出台提供重要的决策参考。

　　关于退休对健康的影响的研究由来已久，但是并未形成一致的结论。已有的退休对健康的影响的研究，多数将目标放在主观和客观两种健康指标方面。萨尔格伦（Sahlgren，2012）[3] 研究发现，退休对主观自评健康与客观健康均产生负面影响。雷晓燕等（2010）[4] 研究了退休对自评健康的影响，发现退休对男性健康产生负向影响，但是对女性则没有影响。一些研究发现退休切断个人与社会和朋友的联系网络，其带来的"被忽视""感觉老了"的精神和情感影响损害了健康（Bradford，1979）[5]。但更多学者得出相反的结论，认为退休对健康没有影响或有显著的正向影响（Azzi et al.，2007[6]；Neuman，2007[7]；Johnston and

---

①　苏春红、李齐云：《延迟退休年龄效应分析与推进策略研究》，载于《理论学刊》2014 年第 4 期。

②　Sahlgren, G. B., 2017, Retirement Blues, *Journal of Health Economics*, 54, pp. 66 – 78.

③　Sahlgren, G. B., 2012, Work "Till You Drop": Short – and Longer-term Health Effects of Retirement in Europe, IFN Working Paper, No. 928.

④　雷晓燕等：《退休会影响健康吗?》，载于《经济学（季刊）》2010 年第 4 期。

⑤　Bradford, L. P., 1979, Can You Survive Your Retirement?, *Harvard Business Review*, 57 (4), pp. 103 – 109.

⑥　Azzi, S. M. et al., 2007, The Effect of Retirement on Health: A Panel Analysis Using Data from the Swiss Household Panel, *Swiss Med Weekly*, 137 (41 – 42), pp. 581 – 585.

⑦　Neuman, K., 2007, Quit Your Job and Get Healthier? The Effect of Retirement on Health, *Journal of Labor Research*, 29 (2), pp. 177 – 201.

Lee，2009[①]；Coe and Zamarro，2011[②]；Hideki，2015[③]；Hessel，2016[④]），退休是一种健康生活方式的开始，退休后压力和焦虑的减少对健康产生积极影响（Ekerdt et al.，1983）[⑤]。一些学者将心理健康作为研究对象，同样得出不同的研究结论。林德博姆等（Lindeboom et al.，2002）[⑥] 利用固定效应模型分析退休对心理健康的影响，结果发现退休对健康没有统计性的影响。李和史密斯（Lee and Smith，2009）[⑦]的研究得出了类似结论，他们认为退休和随后的抑郁没有多大关系。戴维等（Dave et al.，2008）[⑧] 研究发现，没有准备好的退休对健康产生负向影响。相反，贝里尼等（Belloni et al.，2015）[⑨] 研究认为，退休是一种解脱，提高了男性的心理健康，该影响对因经济危机而受到很大冲击地区的蓝领人员来说更明显。拉蒂夫（Latif，2013）[⑩] 使用不同方法研究了加拿大退休制度对退休者心理健康的影响，得出促进和抑制健康的不同结论。出现上述现象的原因，除了计量方法及研究样本的不同外，还包括影响不同样本群体健康的背后推动机制不同。退休对健康影响的理论机制以格罗斯曼为代表。格罗斯曼（1972）[⑪] 的健康资本需求模型表明退休后休闲时间的增加降低了健康投入的机会成本，然而，因为养老保险收入并不依赖于健康水平，因此，人们在退休后也没有很大的动机去投资健康。近期更多的研究则是从退休后生活方式的变化来研

① Johnston, D. W., W. Lee, 2009, Retiring to the Good Life? The Short-term Effects of Retirement on Health, *Economics Letters*, 103（1），pp. 8 – 11.

② Coe, N. B., Zamarro G., 2011, Retirement Effects on Health in Europe, *Journal of Health Economics*, 30（1），pp. 77 – 86.

③ Hideki, H., 2015, Impacts of Leaving Paid Work on Health, Functions, and Lifestyle Behavior: Evidence from JSTAR Panel Data, *RIETI Discussion Paper Series*, 15 – E – 114.

④ Hessel, P., 2016, Does Retirement（Really）Lead to Worse Health among European Men and Women across All Educational Levels?, *Social Science & Medicine*, 151, pp. 19 – 26.

⑤ Ekerdt, D. et al., 1983, Claims That Retirement Improves Health, *Journal of Gerontology*, 38（2），pp. 231 – 236.

⑥ Lindeboom, M. et al., 2002, An Econometric Analysis of the Mental-health Effects of Major Events in the Life of Older Individuals, *Health Economics*, 11（6），pp. 505 – 520.

⑦ Lee, J. P. and J. Smith, 2009, Work, Retirement, and Depression, *Population Ageing*, 2（1 – 2），pp. 57 – 71.

⑧ Dave, D. et al., 2008, The Effects of Retirement on Physical and Mental Health Outcome, *Southern Economic Journal*, 75（2），pp. 497 – 523.

⑨ Belloni, M. et al., 2015, The Effect on Mental Health of Retiring during the Economic Crisis, Working Paper, No. 10.

⑩ Latif, E., 2013, The Impact of Retirement on Mental Health in Canada, *Journal of Mental Health Policy & Economics*, 16（1），pp. 35 – 46.

⑪ Grossman, M., 1972, On the Concept of Health Capital and the Demand for Health, *Journal of Pubic Economics*, 80（2），pp. 223 – 255.

究影响机制，其认为退休使锻炼、社交、睡眠、吸烟、饮酒等生活方式发生了转变。海德等（Heide et al.，2013）[1] 对日本的研究发现，退休后老年人受同辈影响，降低了吸烟和饮酒的数量，增加了工作日锻炼和睡眠的时间。因为有了更多的休闲时间，退休人员会进行一些更健康的活动（Insler，2014）[2]。一些学者对澳大利亚的研究表明，退休带来的有风险的生活方式的改变促进了退休后的健康转型（Ding et al.，2016）[3]。与其他类似研究的结论相反，一项对中国的研究发现，中老年人群体吸烟、适量饮酒与抑郁症之间呈现负向关系（Cheng et al.，2016）[4]。霍尔兹沃思等（Holdsworth et al.，2016）[5] 则同时研究了退休促进和恶化健康的影响机制，其中促进作用主要是由于生活方式的改变，恶化则是由于与未来和健康相关的焦虑和恐惧。有关退休对健康的影响及机制分析，多数学者将研究的注意力放在发达国家，对中国的研究则相对缺乏。要贯彻以人为本的发展理念，退休制度的改革应充分考虑退休的健康效应。本章基于"中国健康与养老追踪调查（CHRALS）"数据，采用模糊断点回归方法，分析我国退休制度对城镇职工健康的影响及影响机制，丰富了退休对健康影响的中国研究，为政府制定延迟退休政策提供了实证参考依据。

　　研究发现，退休使男性职工自评健康为"健康"的概率提高了25%，使女性慢性病得病概率降低了26%。在影响机制方面，退休使男性诸如交友、公园娱乐等社交概率显著提高了38%，且该种生活方式变化使男性群体自评健康为"健康"的概率提高了6%，表明退休后生活方式的改变是男性群体健康发生变化的原因；女性社交概率虽显著提高，但控制社交变量后退休对健康影响的显著性并未发生改变，因此社交增加不是女性健康发生变化的原因。与已有文献相比，本章可能的贡献包括以下三个方面：首先，本章基于变量较为翔实的CHARLS微观数据库，并利用模糊断点回归方法，缓解了退休与健康关系的内生

　①　Heide，I. et al.，2013，Is Retirement Good for Your Health? A Systematic Review of Longitudinal Studies，*BMC Public Health*，13（1），pp. 1 – 11.

　②　Insler，M.，2014，The Health Consequences of Retirement，*Journal of Human Resources*，49（1），pp. 195 – 233.

　③　Ding，D. et al.，2016，Retirement-A Transition to a Healthier Lifestyle：Evidence from a Large Australian Study，*American Journal of Preventive Medicine*，51（2），pp. 170 – 178.

　④　Cheng et al.，2016，Prospective Relationship of Depressive Symptoms，Drinking，and Tobacco Smoking among Middle-aged and Elderly Community-dwelling Adults：Results from the China Health and Retirement Longitudinal Study（CHARLS），*Journal of Affective Disorders*，195，pp. 136 – 143.

　⑤　Holdsworth，C. et al.，2016，Is Regular Drinking in Later Life an Indicator of Good Health? Evidence from the English Longitudinal Study of Ageing，*Journal of Epidemiology & Community Health*，70（8），pp. 764 – 770.

性问题，同时在多方面进行了稳健性检验，从而使分析结果更加严谨；其次，本章的研究较为全面，主客观健康指标与心理健康指标均涵盖，同时机制研究中覆盖锻炼、社交、睡眠等指标，从而在微观层面较为完整地探究了退休对健康的影响机制，丰富了退休对健康影响的研究；最后，本章分性别研究退休对健康的影响及其作用机制，发现退休对男性和女性健康影响的作用机制因性别而不同，这意味着考虑对健康的影响，应制定有性别差异的退休政策。

本章结构安排如下：第二部分是制度背景与实证方法，第三部分是数据来源及变量定义；第四部分实证考察退休对健康的影响并进行作用机制分析；第五部分为稳健性检验；第六部分是结论及政策建议。

5.2 制度背景及实证方法

5.2.1 制度背景

退休制度作为一种社会制度，其运行不仅与个人福利、企业效益有密切的关系，甚至对国家宏观经济的健康运行及社会的和谐安定有重要的意义。目前，我国存在的养老保险制度主要包括城乡居民养老保险制度，企业、机关事业单位职工养老保险制度，因城乡居民养老保险制度旨在保障居民年老时的基本生活且城乡居民并不存在明显的退休行为，因此我们不再考虑城乡居民养老保险制度对其健康的影响，主要考虑企业、机关事业单位职工的退休行为对其健康的影响。

1951 年《中华人民共和国劳动保险条例》、1955 年《国家机关工作人员退休处理暂行办法》（以下简称《暂行办法》）与 1957 年《国务院关于工人、职员退休处理的暂行规定》三个文件的发布，基本确定了我国企业职工的退休制度。其中包括男性职工的退休年龄为 60 周岁，如果从事特殊职业（如井下、高温、高空等高危险的职业），退休年龄可以提前到 55 周岁；女性职工的退休年龄为 50 周岁，女干部（一般从事管理和科研工作的女职工）的退休年龄为 55 周岁，同男性职工类似，对从事高危险或者有害身体健康的从业者，退休年龄可适当提前到 45 周岁。关于我国政府、机关事业单位的从业人员的退休制度，除了沿用 1955 年发布的《暂行办法》的部分规定外，还来源于 1978 年国务院颁布的《国务院关于安置老弱病残干部的暂行办法》和《国务院关于工人退休、退职的暂行办法》两项办法。其中规定：党政机关、群众团体、企业、事业单位的干部，男年满 60 周岁、女年满 55 周岁、连续工龄满 10 年可以退休；全民所有制企业、事业单位和党政机关、群众团体的工人，男年满 60 周岁、女年满 50 周岁、连续工龄满 10 年应该退休。

总体来看，对于我国企业、政府与机关事业单位的人员来说，男性职工的正常退休年龄为 60 周岁，女干部和女职工的正常退休年龄分别为 55 周岁和 50 周岁。

5.2.2　实证方法

退休对健康影响研究的难点在于解决内生性问题，一些无法观测的变量（个人偏好、健康禀赋等）可能带来遗漏变量偏差问题。同时，退休与健康之间存在双向因果关系，已有研究表明，健康程度及不可观察的健康冲击严重影响退休行为（McGarry，2004）[1]。传统 OLS 及面板数据研究方法难以克服上述内生性问题，使得研究结果出现偏误。我们通过控制年龄效应、婚姻状态及受教育程度来缓解因个体异质性带来的遗漏变量偏差。同时，断点回归方法可以缓解因双向因果带来的内生性问题。断点回归方法类似局部随机实验，所有变量在断点前后具有相同分布。断点回归设计在给定某个协变量的情况下，处理状态的概率和期望值发生不连续变化（Lee and Lemieux，2010）[2]。这在"断点前后年龄对健康的影响不同"这一现实前提下是非常必要的，同时考虑到我国退休制度的强制性且我国男性和女性的正常退休年龄均存在相对的固定性，正好符合断点回归的假设条件，因而我们采用断点回归方法来进行分析。

断点回归方法在 1960 年首次被使用，但直到 1990 年末才引起经济学家的重视，哈恩和克劳（Hahn and Klaauw，2001）[3] 提供了断点回归的计量经济学理论基础。断点回归方法包括精确断点回归（SRD）和模糊断点回归设计（FRDD）。前者是指在断点处个体得到处理的概率从 0 完全跳跃到 1；后者是指在断点处处理变量得到处理的可能性仅仅发生了一个概率性的跳跃。在我国目前的退休制度下，虽然制度规定我国男性的法定退休年龄为 60 周岁、女性为 50 周岁（女性干

---

① McGarry, K., 2004, Do Changes in Health Affect Retirement Expectations?, *The Journal of Human Resources*, 39 (3), pp. 624 – 648.

② Lee, D. S., T. Lemieux, 2010, Regression Discontinuity Design in Economics, *Journal of Economic Literature*, 48 (2), pp. 281 – 355.

③ Hahn, T., W. Klaauw, 2001, Identification and Estimation of Treatment Effects with a Regression Discontinuity Design, *Econometrica*, 69 (1), pp. 201 – 209.

部为 55 周岁），但存在有些职工因健康原因而早退或者一些高学历或者高技术的人员到了法定退休年龄不退休仍然继续工作等现象，因此我国退休人员在退休年龄断点处的退休率并不是严格的从 0 完全跳跃至 1，具体如图 5 - 1 和图 5 - 2 所示，图中纵轴每个点表示男（女）性在相应年龄点处退休人员占相同年龄总人数的比率。

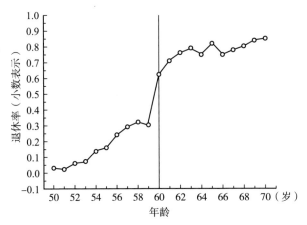

图 5 - 1　男性退休与年龄

资料来源：作者根据 CHARLS 数据库计算得出。

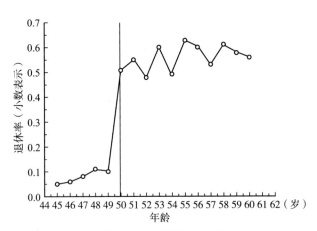

图 5 - 2　女性退休与年龄

资料来源：作者根据 CHARLS 数据库计算得出。

从图 5 - 1 可以看出，我国城镇男性职工（包含企业、政府与机关事业单位）的退休率在 60 岁处存在一个很大的跳跃，从 59 岁的 30% 跳跃到 60 岁的 60%，且并不完全从 0 跳跃到 1。在图 5 - 2 中，女性职工在制度退休年龄 50 周岁处也存在一定的跳跃①，从 10% 跳跃至 50%，同时跳跃概率并未达到 1，这说明了我国退休制度对退休行为的影响满足断点回归方法的假设条件，同时也进一步说明我国城镇职工退休行为的特殊性满足 FRDD 方法的要求。

　　进行模糊断点回归的一种方法是工具变量法。我们定义 $T_i = 1(x_i \geqslant c_g)$（括号中 c_g 代表断点值，x_i 代表年龄），则 T_i 显然与 D_i（个体退休行为）相关，满足工具变量的相关性；同时，$T_i = 1(x_i \geqslant c_g)$ 在断点 c_g 附近相当于局部随机实验，因此仅仅通过 D_i 对被解释变量 Y_i（健康）产生影响，因而满足外生性。因而 T_i 可以作为 D_i 的有效工具变量，并可使用 2SLS 方法进行回归分析。对应于本研究，因退休制度相对于个体而言是外生的，因此我们试图将退休制度作为工具变量来识别退休对健康的影响，并进行影响机制的研究。而个体是否达到法定退休年龄又是定量化退休制度的一种方法，因而我们将"个人是否达到法定退休年龄"这一事实作为替代"退休制度"的工具变量。然而，年龄本身对健康也会产生一定的影响，随着年龄的增加，健康状况也在变差，因而我们在回归时需要控制年龄对健康的影响，同时借助工具变量的思维，把法定退休年龄前后的人群分为控制组和处理组，就可以借助随机实验的思想来检验退休对健康的影响。我们将模型设定如下：

$$Y_i = \alpha + \sigma D_i + \gamma_1(x_i - c_g) + \gamma_2 T_i(x_i - c_g) + K_i + \mu_i \qquad (5-1)$$

$$D_i = \beta + \theta_1 T_i + \theta_2(x_i - c_g) + \theta_3 T_i(x_i - c_g) + K_i + \varepsilon_i \qquad (5-2)$$

　　模型中，方程（5 - 1）为第二阶段公式，方程（5 - 2）为第一阶段公式。Y_i 代表健康及机制变量；D_i 代表个体退休行为；x_i 代表个体实际年龄；c_g 代表制度规定的分性别法定退休年龄，男性为 60 周岁，女性为 50 周岁；T_i 为工具变量（是二值变量；$T_i = 1$，当 $x_i \geqslant c_g$；反之为 0），将"个人是否达到法定退休年龄"这一事实作为工具变量；K_i 为控制变量，包含婚姻与教育程度；μ_i 与 ε_i 为扰动项；α 和 β 均表示常数项；$(x_i - c_g)$ 是对 x_i 的标准化，进而使其在断点处为 0②；$T_i(x_i - c_g)$ 表示控制住断点前后的年龄效应，以使断点两侧数据分别进行回归，进而计算两侧截距之差，以避免因两侧斜率相同而造成的回归偏差。模型中，方程（5 - 1）中的 σ 即为我们关注的核心参数。

---

　　① 图 5 - 2 中，女性样本在 55 岁处并不存在跳点，原因是女性样本中身份为干部的个体数量较少，因此我们不再考虑女性制度退休年龄为 55 岁处退休对健康的影响。

　　② 此处若不进行标准化，则 σ 虽然度量断点两侧回归线的截距之差，但并不等于两条回归线在断点处的跳跃距离。

5.3 数据及变量

5.3.1 数据来源

我们使用 CHARLS 2011 年、2013 年两年全国基线调查数据组成的截面数据进行实证研究。CHARLS 是中国目前唯一以中老年人为调查对象的具有全国代表性的大型家户调查数据库。该数据库包含了中国 28 个省份 45 岁及以上中老年人家庭和个人的微观数据，调查采用多阶段抽样法。CHARLS 问卷内容包括：个人基本信息，家庭结构和经济支持，健康状况，体格测量，医疗服务利用和医疗保险，工作、退休和养老金、收入、消费、资产，以及社区基本情况七个模块。其从 2009 年开始在全国范围内进行基线调查，以后每两年对基线调查数据进行一次追踪调查。

依据我国的退休制度，只有生活在城市或者拥有城市户口的人才能够享受退休待遇，基于此，我们选择受访时居住地在城镇社区以及拥有非农业户口的人群作为样本数据。又因中国退休制度在男性、女性方面存在差异，因而我们分男、女两个样本群体分别进行分析。此外，为减小年龄对健康的影响，我们将男性样本年龄控制在 50 ~ 70 岁，女性样本控制在 45 ~ 60 岁[①]。

5.3.2 变量定义

依据研究内容，退休为自变量，健康及锻炼、社交、睡眠、吸烟、饮酒等机制变量为因变量。

1. 退休

退休意味着个体自愿或者非自愿地从劳动力市场上退出。我们将退休作为二值变量进行处理。根据调查，若受访者回答"已办理退休或内退手续"[②]，则赋

---

① 当断点前后带宽相同时可提高回归结果的有效性，但因 CHARLS 数据库样本群为 45 岁及以上个体，因而此处女性样本选择为 45 ~ 60 岁。

② 退休后有部分人员会再被返聘，但这部分人大多是高技术或者高文凭人员，一般人在办理退休手续后就已经退休。

值为"1"；否则赋值为"0"。

2. 健康

在健康方面，我们从自评健康、客观健康、心理健康三个维度进行考察。自评健康（sah）因能代表个体健康状况的综合水平而在许多文献中备受青睐，除此之外，我们继续选择慢性病（chronic disease）这一客观健康指标来衡量个体的健康水平。慢性病包含高血压、糖尿病、心脏病等 14 种疾病。另外，与前述健康指标相比，心理健康状况对环境变化的反应更加敏感（Coe and Zamarro，2011）[1]，因此我们采用流调用抑郁自评量表得分（CES - D）来衡量个体心理健康状况。CES - D 主要用来筛查有抑郁症状的对象，若总得分≥10 分（Andreasen et al.，1994）[2]，则个体存在抑郁。该标准用来衡量心理健康指标的有效性和可靠性已得到证明。在机制方面，格罗斯曼（1972）[3] 在健康资本需求模型中指出，健康是医疗服务、生活方式等的函数；茵斯勒（Insler，2014）[4] 通过对吸烟、锻炼行为进行调查，发现退休或许会通过这些渠道来影响健康；另外，丁等（Ding et al.，2016）[5] 也得出退休后体力活动、饮食、睡眠等生活方式发生了改变的结论。又因为 CHARLS 数据库提供了丰富的有关生活方式的变量，基于此，我们从与健康相关的生活方式入手，来探究退休对健康的影响机制，将锻炼（exercise）、社交（social）、睡眠（sleep）、吸烟（smoke）、饮酒（drink）等生活方式与时间使用变量作为机制变量进行分析。在控制变量方面，戴维等（2008）[6] 认为已婚状态能降低退休对心理健康的负面影响，同时坎芬和毛尔（Kämpfen and Maurer，2016）[7] 认为高文凭群体退休对运动的促进作用更大，因

---

① Coe, N. B., G. Zamarro, 2011, Retirement Effects on Health in Europe, *Journal of Health Economics*, 30 (1), pp. 77 – 86.

② Andreasen, E. M. et al., 1994, Screening for Depression in Well Older Adults：Evaluation of a Short Form of the CES – D, *American Journal of Preventive Medicine*, 10 (2), pp. 77 – 84.

③ Grossman, M., 1972, On the Concept of Health Capital and the Demand for Health, *Journal of Pubic Economy*, 80 (2), pp. 223 – 255.

④ Insler, M., 2014, The Health Consequences of Retirement, *Journal of Human Resources*, 49 (1), pp. 195 – 233.

⑤ Ding, D. et al., 2016, Retirement – A Transition to a Healthier Lifestyle：Evidence from a Large Australian Study, *American Journal of Preventive Medicine*, 51 (2), pp. 170 – 178.

⑥ Dave, D. et al., 2008, The Effects of Retirement on Physical and Mental Health Outcome, *Southern Economic Journal*, 75 (2), pp. 497 – 523.

⑦ Kämpfen, F., J. Maurer, 2016, Time to Burn (Calories)？The Impact of Retirement on Physical Activity among Mature Americans, *Journal of Health Economics*, 45, pp. 91 – 102.

此我们控制了婚姻及教育两个变量。而且，根据实际经验，随着年龄的提高，个体的健康水平将会降低，为了控制年龄对健康的负向效应，我们控制了年龄（age）的一阶线性优势。变量及说明如表 5 – 1[①] 所示。

表 5 – 1   变量及说明

变量类型	变量符号	变量含义	变量定义
解释变量	D_i	退休	"你是否办理了退休或内退手续？" 若为"是"，则赋值 1，否则赋值 0
被解释变量	sah	自评健康	"你觉着你的健康怎么样？" 很好、好、一般，则赋值为 1，否则赋值为 0
	no chronic disease	客观健康	根据对 14 种疾病的回答赋值，若全部为无，则赋值为 1，否则赋值为 0
	CES – D	心理健康	根据得分，若总分小于 10，则赋值为 1；否则赋值为 0
机制变量	exercise	锻炼	进行锻炼，赋值为 1，否则赋值为 0
	social	社交	"一个月是否进行了问卷中的 11 项社交活动？" 一项及以上赋值为 1，均没有赋值为 0
	sleep	睡眠	睡眠时间 7 ~ 8 小时间赋值为 1，其他赋值为 0
	smoke	吸烟	"您现在是否吸烟？" 戒烟赋值为 1，吸烟赋值为 0
	drink	饮酒	"过去一年您喝过酒吗？" 不喝赋值为 1，否则取 0
控制变量	age	年龄	—
	marriage	婚姻	已婚（包括同居）赋值为 1，其他赋值为 0
	education	教育	初中以上赋值为 1，其他赋值为 0

表 5 – 2 给出了样本统计性描述，从 t 检验值可以看出，男性和女性在自评健康、慢性病、心理健康等健康指标以及锻炼、社交、睡眠等机制指标方面，工作组和退休组均显示出了显著差异。出现相应结果的原因可能是"退休"这一因素的影响，也可能是年龄及其他因素对指标产生的影响。

---

① 表中的所有变量在回归时均作为二值变量进行处理，同时，每个变量在 CHRALS 数据库问卷中均有一一对应的问题设置。

表 5 - 2　　　　　　　　　　　　　样本描述性统计

变量	男				t 检验	女				t 检验
	工作样本		退休样本			工作样本		退休样本		
	均值	样本数	均值	样本数		均值	样本数	均值	样本数	
1. 健康										
sah	0.57 (0.50)	855	0.54 (0.50)	823	0.38	0.58 (0.02)	905	0.52 (0.02)	556	2.15
nochronic disease	0.37 (0.48)	778	0.26 (0.44)	774	4.69	0.40 (0.02)	846	0.31 (0.02)	517	3.61
CES - D	0.78 (0.02)	763	0.82 (0.01)	702	-2.09	0.72 (0.02)	847	0.75 (0.02)	503	-1.08
2. 生活方式 及时间使用										
exercise	0.89 (0.31)	297	0.90 (0.29)	336	-1.87	0.88 (0.02)	379	0.90 (0.02)	220	-0.43
social	0.65 (0.48)	758	0.69 (0.46)	776	0.03	0.58 (0.02)	858	0.72 (0.02)	521	-5.26
sleep1	0.54 (0.50)	854	0.54 (0.50)	823	-0.46	0.49 (0.02)	897	0.57 (0.02)	556	-2.84
sleep2	0.40 (0.50)	854	0.40 (0.49)	823	0.74	0.44 (0.02)	897	0.40 (0.02)	556	1.54
sleep3	0.06 (0.23)	854	0.06 (0.23)	823	1.80	0.06 (0.01)	897	0.01 (0.17)	556	2.94
smoke	0.24 (0.43)	583	0.35 (0.48)	553	-3.76	0.35 (0.07)	43	0.00 (0.09)	25	0.93
drink	0.37 (0.48)	854	0.47 (0.50)	824	-2.28	0.86 (0.01)	904	0.87 (0.01)	555	-0.81
3. 控制变量										
age	54.95 (2.86)	855	64.45 (3.04)	823	-28.98	50.69 (0.16)	906	54.88 (0.15)	556	-18.10
marriage	0.95 (0.23)	855	0.93 (0.25)	823	-2.74	0.91 (0.01)	906	0.90 (0.01)	556	1.05
education	0.78 (0.42)	855	0.60 (0.50)	823	0.02	0.61 (0.02)	906	0.82 (0.02)	556	-8.50

注：（1）括号内数据为稳健标准差，下文如没有特殊说明，均表示相同含义；（2）男性"工作样本""退休样本"分别指 50~59 岁、60~70 岁年龄区间样本；女性相应为 45~49 岁、50~60 岁年龄区间样本；（3）sleep1、sleep2、sleep3 分别代表夜晚正常睡眠时间为 0~7（不包括 7）小时、7~8 小时、8（不包括 8）小时以上。

资料来源：作者依据 CHARLS 数据库整理所得。

5.4 回归结果分析

5.4.1 退休对健康的影响

退休对健康的影响研究除了用于识别退休对健康的影响外，还可以为下文的探索机制提供依据，回归结果如表5－3所示。数据显示，在第一阶段回归中，F统计量均大于10，因而我们可以认为工具变量不是弱工具变量，其作为"退休状态非连续性"的指示器是非常显著的。男性在超过60岁后与59岁之前相比，退休率大约提高了31%；女性在50周岁后与50岁之前相比，退休率大约提高了43%[①]。

表5－3 退休对健康的影响回归结果

变量	sah	no chronic disease[a]	CES－D
男性：			
退休	0.25 * (0.15)	－0.18 (0.16)	－0.03 (0.13)
年龄	－0.02 * (0.01)	－0.002 (0.01)	0.00 (0.01)
教育程度	0.04 (0.04)	0.05 (0.03)	0.11 *** (0.03)
婚姻	－0.003 (0.06)	0.05 (0.05)	0.14 ** (0.05)
常数项	0.40 *** (0.07)	0.31 *** (0.07)	0.58 *** (0.07)
F 值	369.32	348.70	367.26
样本数	1678	1152	1465

---

① 因篇幅原因，此处第一阶段回归结果省略。

续表

变量	sah	no chronic disease[a]	CES - D
女性:			
退休	0.18 (0.14)	0.26 * (0.14)	0.15 (0.15)
年龄	- 0.03 * (0.02)	- 0.05 *** (0.02)	- 0.01 (0.02)
教育程度	0.00 (0.06)	- 0.03 (0.06)	0.11 ** (0.05)
婚姻	0.03 (0.05)	- 0.04 (0.05)	0.14 *** (0.04)
常数项	0.48 *** (0.06)	0.35 *** (0.06)	0.48 *** (0.06)
F 值	186.34	174.66	164.90
样本数	1461	1363	1350

注: * 、** 、*** 分别代表在 10%、5%、1% 水平上显著,下文中相同情况不再一一说明。

a 慢性病的变量赋值是当没有慢性病时为 1,否则为 0,因此系数为正意味着退休减少了慢性病,退休对健康具有促进作用。

资料来源:作者根据 CHARLS 数据库计量所得,下文中相同情况不再一一说明。

第二阶段回归结果还显示,对男性而言,退休对自评健康(sah)产生较显著的正向促进作用,退休后男性自评健康达到"健康"的概率提高了 25%。这一结果和邓婷鹤、何秀荣(2016)[①] 的研究结果相一致,其得出结论:在 10%显著水平上退休使男性老年人的自评健康为"健康"的概率提高了 25.9 个百分点,但是退休对男性慢性病和心理健康(抑郁症)没有显著影响。女性方面,退休明显降低了女性得慢性病的可能性,其使慢性病发生的概率降低了 26%;退休对女性其他健康指标的影响系数均不显著。分析上述结论可能的原因,角色效应发挥重要作用。在中国家庭成员的角色分配中,男性一直担当着养家糊口的重任,为了获得更高的收入,与女性相比,男性需要承受更大的工作压力并且工作更长的时间,因此退休所带来的健康生活方式方面的改变(包

---

① 邓婷鹤、何秀荣:《退休对男性老年人健康的影响——基于断点回归的实证研究》,载于《人口与经济》2016 年第 6 期。

括从事家务劳动与锻炼、调整睡眠时间与改善睡眠质量以及下棋、打牌、与朋友交往、做志愿者和慈善等社交活动）会使男性对健康的自我评价有很大的提高。对于女性而言，其一般承担着繁重的家务劳动，同时承受较重的工作压力，社交锻炼时间较少，退休后女性从工作压力中解脱出来，时间预算更加宽裕，其客观健康指标有一定的提升，患慢性病的概率因此下降。生活方式和时间使用的变化对健康产生积极影响，具体的退休影响健康的机制我们将在后文进一步探究。

在控制变量方面，与我们期望的结果相一致，高教育程度和已婚显著提高了男性、女性的心理健康达到"健康"的概率；年龄除了使男性、女性自评健康为"健康"的概率显著降低外，也提高了女性患慢性病的概率。产生相应结果的原因：首先教育程度越高的群体，往往会有更高的退休收入保障或者能更好地安排退休后的生活与时间，因而高教育程度对健康会有更好的促进作用；而婚姻作为一种陪伴，当夫妻之间在对方遇到生活中的苦恼时可以相互安慰及支持，因而对心理健康也会产生一定的促进作用。

5.4.2　退休影响健康的机制分析

上述研究表明，退休对男性自评健康、女性慢性病产生正向影响，那么退休影响健康的机制是什么呢？我们假设"退休后与健康相关的生活方式和时间使用发生了转变"是退休对健康产生影响的一种原因。我们将锻炼、社交、睡眠、吸烟和饮酒作为"生活方式及时间使用"的因变量进行了与前文相同的回归，从而对假设进行验证。表5-4报告了回归结果。

表5-4　　　　　　　退休对生活方式及时间使用影响的回归结果

变量	exercise	social	sleep1	sleep2	sleep3	smoke	drink
男性：							
退休	0.03 (0.12)	0.38 ** (0.17)	0.17 (0.15)	-0.15 (0.15)	-0.02 (0.07)	-0.08 (0.19)	-0.07 (0.15)
年龄	0.001 (0.01)	-0.03 ** (0.01)	-0.01 (0.01)	0.01 (0.01)	-0.002 (0.01)	0.02 (0.01)	0.02 (0.01)
教育程度	-0.01 (0.03)	-0.02 (0.04)	0.01 (0.04)	0.01 (0.04)	-0.02 (0.02)	0.02 (0.04)	-0.03 (0.04)

续表

变量	exercise	social	sleep1	sleep2	sleep3	smoke	drink
婚姻	0.10 (0.07)	−0.12** (0.05)	−0.10* (0.05)	0.08 (0.05)	0.02 (0.02)	0.09 (0.06)	−0.03 (0.05)
常数项	0.80*** (0.07)	0.56*** (0.08)	0.55*** (0.07)	0.40*** (0.07)	0.05 (0.03)	0.25** (0.09)	0.53*** (0.07)
F 值	143.64	364.72	370.48	370.48	370.48	212.68	369.17
样本数	633	1534	1677	1677	1677	1136	1678
女性:							
退休	0.05 (0.12)	0.48*** (0.14)	−0.18 (0.15)	0.11 (0.14)	0.07 (0.06)	−3.96 (5.33)	0.03 (0.11)
年龄	−0.03*** (0.01)	−0.03** (0.02)	0.03* (0.02)	−0.02 (0.02)	−0.01* (0.01)	0.20 (0.33)	−0.01 (0.01)
教育 程度	0.01 (0.05)	0.01 (0.06)	0.06 (0.06)	−0.03 (0.06)	−0.04 (0.03)	1.79 (2.44)	−0.05 (0.04)
婚姻	0.05 (0.05)	0.06 (0.05)	−0.05 (0.04)	0.03 (0.04)	0.01 (0.02)	−0.68 (1.23)	0.06 (0.03)
常数项	0.76*** (0.07)	0.42*** (0.06)	0.58*** (0.06)	0.38*** (0.06)	0.04* (0.03)	0.71 (1.02)	0.79*** (0.04)
F 值	68.72	175.29	185.70	185.70	185.70	10.69	186.13
样本数	599	1379	1453	1453	1453	68	1459

　　结果显示，退休使男性社交的概率提高了 38%，女性社交的概率提高了 48%。这一研究结果与霍尔兹沃思（2016）[1] 的研究结果相一致。他们认为退休对健康的促进主要表现在社交方面的促进。社交是否就是影响健康的机制，我们在后文将做进一步的分析。

　　根据上述分析，我们发现退休显著提高了男性、女性社交的概率，那么退休影响健康的途径是否就是通过社交而产生呢？依据埃里奇（Eibich，2015）[2] 的

---

① Holdsworth, C. et al., 2016, Is Regular Drinking in Later Life an Indicator of Good Health? Evidence from the English Longitudinal Study of Ageing, *Journal of Epidemiology & Community Health*, 70 (8), pp. 764 – 770.

② Eibich, P., 2015, Understanding the Effect of Retirement on Health: Mechanisms and Heterogeneity, *Journal of Health Economics*, 43 (1), pp. 1 – 12.

做法，若退休对健康的影响机制是通过社交，那么在控制社交变量后退休对健康的影响程度会降低，即退休对健康的回归系数将不再显著或者绝对值降低。基于此，我们控制社交变量来识别退休对健康的影响的变化以确认"退休后社交概率的改变"确为退休影响健康的途径。表 5-5 汇报了回归结果。

表 5-5　　　　　　　　控制社交变量后退休对健康影响的回归结果

变量	sah（男性）		chronic disease（女性）	
	1	2	1	2
退休	0.25 * (0.15)	0.23 (0.16)	0.26 * (0.14)	0.29 * (0.15)
社交	—	0.06 ** (0.03)	—	-0.09 ** (0.03)
F 值	—	310.01	—	143.21
样本数		1533		1293

注：表中第 1 列、第 2 列分别表示未加"社交"与加入"社交"控制变量时的回归结果。

结果显示，在加入"社交"这一控制变量之后，退休对男性自评健康的影响系数不再显著，同时，社交在 5% 显著水平上使男性自评健康达到"健康"的概率提高了 6%，因而我们可以得出结论：男性退休对男性自评健康的影响的确是由退休后男性社交概率增加这一行为所产生的。女性群体的结果与男性相反，在控制社交变量之后，退休对健康回归结果的显著性并未发生改变，因此退休后女性社交的改变不是影响慢性病概率变化的原因。

5.5　稳健性检验

前文分析得出了退休对城镇男性、女性群体健康的影响及影响的机制，为使结果更加可信，我们进行了稳健性检验。

首先，断点回归方法的有效性，依赖于两个假设：第一，除年龄以外的其他控制变量随着年龄的变化应该是连续变化的，若控制变量在临界值处出现跳跃，那么断点对因变量带来的处理效应则可能是其他原因所致，因此我们首先检验了控制变量在退休断点处的连续性。检验时，我们将教育、婚姻作为因变量，使用与前文相同的计量方法进行回归。表 5－6 报告了相应的回归结果。结果表明，无论对男性还是女性而言，退休对教育程度、婚姻这两个控制变量均没有产生显著的影响，因而控制变量随着年龄的变化是连续的。

表 5－6　　　　　　　　　　退休对控制变量的影响回归结果

变量	男性		女性	
	教育程度	婚姻	教育程度	婚姻
退休	0.07 (0.14)	－0.05 (0.07)	－0.14 (0.13)	0.02 (0.08)
年龄	－0.04 *** (0.01)	0.005 (0.004)	0.02 (0.01)	－0.01 (0.01)
F 值	473.91	473.91	147.59	230.67
样本数	1679	1679	1462	1462

注：此处我们在回归退休对教育、婚姻的影响时，仅仅控制了年龄效应。

　　第二，分组变量即年龄是连续的。因为 CHARLS 采用问卷调查的方法来识别退休对健康的影响，因而在进行问卷调查时，受访者可能会为了提前拿到退休金或者继续进行工作而谎报年龄，如果调查时年龄是可以选择的，那么这将对我们的研究产生影响。因而我们分性别检验了分组变量（年龄）密度函数的连续性，如图 5－3、图 5－4 所示。

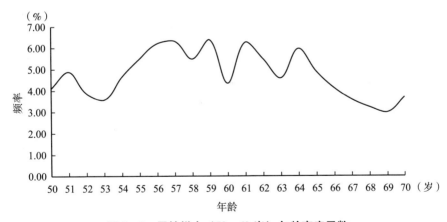

图 5－3　男性样本（50～60 岁）年龄密度函数

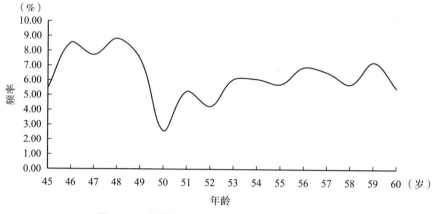

图 5 - 4 女性样本（45~60 岁）年龄密度函数

图 5 - 3、图 5 - 4 中横轴表示年龄、纵轴表示相应年龄个体数占分性别样本总数的比率。通过观察图形可知，男性样本年龄密度函数在制度退休年龄 60 岁处并没有发生很大程度的跳跃，年龄密度函数是连续并且平滑的；女性年龄密度函数在正常制度退休年龄 50 岁处也是比较连续并且平滑的。上述结果也比较直观地表明我们所用的研究方法是有效的。

其次，我们改变了带宽，来检验前文回归结果的有效性。带宽的选择在断点回归方法的使用中是至关重要的，带宽的大小会影响回归结果的稳定性与精确性。因此，我们将男性样本控制在 55~65 岁，女性样本控制在 45~55 岁，进一步对回归结果进行了检验，回归结果如表 5 - 7 所示。结果显示，在将样本的带宽减小之后，回归结果仍然显著，证明前文中退休对健康的影响及机制分析的结果是稳健的。

表 5 - 7　　　　　　　　　改变带宽后退休对健康的影响及机制回归结果

变量	sah	no chronic disease	social
男性：			
退休	0.578 * (0.34)	—	0.608 * (0.34)
F 值	77.38	—	78.46
样本数	934	—	934

变量	sah	no chronic disease	social
女性：			
退休	—	0.412 ** (0.18)	—
F 值	—	80.86	—
样本数	—	929	—

　　最后，我们还将其他值作为临界值来识别变量是否存在跳跃，如果在其他的临界值处存在跳跃，那么"健康、生活行为及时间使用在临界值处的跳跃是由退休制度所引起的"这一假设则将不再成立，还有其他因素导致了退休对健康及健康行为的影响。检验时，我们选取政策正常退休年龄的前、后各一年作为假定的断点。具体而言，男性分别选取 59 岁及 61 岁作为假设阈值，女性则选取 49 岁及 51 岁作为假设阈值，回归方法仍同前文。回归结果如表 5 - 8、表 5 -9 所示。

表 5 - 8　　　　　　　　　选择假设阈值后退休对健康的影响

变量		sah	no chronic disease	CES - D
男性：				
年龄	59	0.35 (0.26)	0.12 (0.27)	- 0.11 (0.27)
	61	0.26 (0.19)	- 0.09 (0.19)	0.04 (0.15)
样本数		1678	1552	1465
女性：				
年龄	49	0.32 (0.55)	0.17 (0.64)	0.75 (0.82)
	51	0.27 (0.18)	0.22 (0.20)	0.00 (0.15)
样本数		1461	1363	1350

　　注：表中"59、61、49、51"分别表示假设制度退休，男性分别为 59 岁和 61 岁，女性分别为 49 岁和 51 岁，下文中相同情况不再一一说明。

表 5 - 9 选择假设阈值后退休对生活方式及时间使用的影响

变量		exercise	social	sleep1	sleep2	sleep3	smoke	drink
男性:								
年龄	59	0.00 (0.01)	0.12 (0.12)	0.25 (0.26)	-0.20 (0.25)	-0.06 (0.12)	-0.30 (0.37)	-0.23 (0.25)
	61	0.00 (0.01)	-0.05 (0.09)	-0.02 (0.19)	0.24 (0.19)	-0.22 ** (0.09)	0.15 (0.23)	-0.16 (0.19)
样本数		633	1534	1677	1677	1677	1136	1678
女性:								
年龄	49	1.62 (2.96)	1.37 (0.84)	0.17 (0.54)	-0.25 (0.54)	0.08 (0.24)	1.77 (2.11)	-0.09 (0.40)
	51	-0.11 (0.15)	0.47 ** (0.18)	0.34 (0.02)	0.09 (0.18)	0.34 (0.02)	-1.94 (1.79)	0.05 (0.14)
样本数		599	1379	1453	1453	1453	68	1459

结果显示，健康方面，男性群体在 59 岁和 61 岁处，退休对自评健康的影响仍然为正，但不再显著，退休对男性其他健康指标的影响也不显著；女性群体在 49 岁和 51 岁处，退休对慢性病的计量结果由 5% 的显著水平下降为不再显著，与男性相似，退休对健康的其他计量结果也不显著。以上结果说明，虽然我们选取了距离制度退休年龄非常相近的点，但均使回归结果发生了很大的变化，因而我们的回归结果是可靠的。

在影响机制方面，结果显示，男性群体在 59 岁和 61 岁处，退休对社交的回归系数不再显著，其他生活方式及时间使用变量中除睡眠时间变短（sleep3）的回归系数显著之外剩余变量仍然不显著，但因退休行为并未对睡眠时间变短（sleep3）产生影响，因而此处不再多做考虑；女性群体在 51 岁处，退休对社交的影响仍显著，因而退休后女性社交概率的变化除退休因素外还存在其他因素，此处进一步印证了社交不是退休影响女性健康的原因。综上所述，对男性群体而言，退休后男性社交概率的变化确实是男性健康产生变化的原因。

5.6 结论及政策建议

退休对健康的影响是政府制定退休政策必须考虑的因素。本章利用 CHRALS

微观调查数据，分性别识别了退休对中国城镇职工健康的影响及作用机制。研究发现，退休显著提高了男性的自评健康水平，显著降低女性慢性病的患病概率，但是对男性、女性其他健康指标的影响不显著。退休后社交概率显著增加是男性健康水平提高的原因，但不是女性健康水平变化的原因。基于以上研究结果，我们认为，政府制定延迟退休政策过程中，应尽量避免延迟退休可能对健康产生的负面影响，探讨制定弹性延迟退休政策，通过缩短老年劳动者工作时间或让其从事兼职工作，调整老年劳动者的健康行为与时间使用，让老年劳动者有更多的时间从事社交活动，降低延迟退休对健康的不利影响。

　　本章的研究还存在一定的局限性。首先，职业不同会使退休对健康产生不同的影响，但是因数据库对相关职业并未进行细致划分，因此使研究相对而言有遗憾；其次，因样本应答率问题所带来的样本数量限制，我们没有考虑时间等异质性对回归结果产生的影响，并且未能得出退休对女性健康产生影响的机制。这些局限性有待在未来的研究中取得突破。

第6章

延迟退休对就业的影响[①]

　　随着人口老龄化的发展和经济增速的放缓，延迟退休年龄是世界各国应对老龄化与实现本国养老保险制度可持续发展的重要政策选择。中国老龄化的"未富先老"特征及维持社会稳定与经济发展的需要，决定了延迟退休政策的推出面临严峻的考验。

6.1　研究背景与文献综述

　　党的十八届三中全会提出研究制定渐进式延迟退休年龄政策，一石激起千层浪，延迟退休再次[②]成为民众、政府以及学者关注的话题。随着人口生育率下降和人口预期寿命延长，1999 年，在人均 GDP 不足 1000 美元、经济尚不发达的情况下，中国步入老龄化社会，成为目前唯一以较低收入进入老龄社会的人口大国，并且老龄化呈现出不断加深的态势。2013 年，我国 60 岁及以上人口超过 2亿，占总人口比重的 14.9%，60 岁及以上的老年抚养比为 22%；65 岁及以上的人口 1.32 亿，占总人口比重的 9.7%，65 岁及以上的老年抚养比为 14.3%。[③] 与此同时，我国劳动年龄人口[④]在 2012 年首次出现绝对量的下降。随着老龄化程度

---

　　① 本章研究工作初步完成于 2015 年 1 月。

　　② 早在 2005 年，当时的劳动和社会保障部就进行过延迟退休年龄的研究，2012 年《社会保障"十二五"规划纲要》第二次提出研究弹性延迟领取养老金政策。

　　③ 《2013 年国民经济与社会发展统计公报》，国家统计局网站，http：//www.stats.gov.cn/tjsj/zxfb/201402/t20140224_514970.html。

　　④ 一般指法律规定的成年人口减去达到法定退休年龄人员后的人口总数；我国规定劳动年龄人口男性为 16～60 周岁，女性为 16～55 周岁。

的加深，劳动年龄人口在数量和比重方面均呈现下降趋势，人口红利正在逐渐消失。然而，作为人口大国，我国就业形势依然严峻，就业岗位总量供给压力长期存在。人口老龄化和人口红利消失使得延迟退休政策的实施成为必然，对就业可能产生的消极影响则是推行该项政策的最大顾虑。

多数反对延迟退休的观点认为延迟退休年龄会减少岗位供给从而增加失业。米歇尔和福特（2006）[1] 发现美国实行的以推迟退休为目的的社会保障改革与降低失业率目标之间存在矛盾。他们认为延迟退休将会对就业产生不利影响。张车伟、仲大军（2004）[2] 认为延迟退休年龄对总体就业的影响并不大，但对城镇正规部门就业的影响比较大，因而对大学毕业生的影响最为明显。李绍光（2005）[3] 也认为延迟退休年龄不影响就业的假设在中国不一定成立。

更多的学者对延迟退休持有积极的态度。格鲁伯等（Gruber et al.，2009）[4] 通过总结比利时、加拿大等 12 个国家的统计数据，发现老年人劳动参与率的提高并不会减少年轻人的工作机会，反而会降低年轻人的失业率。卡特韦克等（2010）[5] 利用 OECD 22 个成员国 1960～2008 年的数据，采用动态模型检验了老年人与年轻人之间的就业关系，发现年轻人和老年人的就业并不存在替代关系，甚至还有轻微的互补关系。列伏尔（Lefèbvre，2012）[6] 使用 OECD 国家的面板数据分析了失业率曲线，发现老年人提前退休反而会对年轻人就业造成消极影响，并不利于缓解失业。费舍尔和科施内格（Fisher and Keuschnigg，2011）[7] 以生命周期理论为基础分析了养老金改革对退休和就业的影响，认为延迟休年龄有助于财政稳定，能降低劳动者税负，增加工作机会，从而降低中年人的失业率；保险精算的公平性不仅能够鼓励延迟退休，而且能够鼓励年轻人就业。

国内支持延迟退休的观点认为由于人口红利消失、劳动力供求逆转以及人口老龄化的不断加深等给养老保险基金带来了巨大的支付压力，所以应该延迟我国

---

[1]　Michello，Franklin A.，Ford，William F.，The Unemployment Effects of Proposed Changes in Social Security's Normal Retirement Age，*Business Economics*，2006（41），pp. 38 – 46.

[2]　张车伟、仲大军：《中国是否应该推出弹性退休制度》，载于《中国经济论坛》2004 年第 38 期。

[3]　李绍光：《推动社会保障体系与市场经济体制和谐发展》，载于《中国金融》2005 年第 5 期。

[4]　Gruber，J. K. et al.，2009，The Relationship to Youth Employment，Introduction and Summary，NBER Working Paper.

[5]　Kalwij，A. et al.，2010，Retirement of Older Workers and Employment of the Young，*De Economist*，（158），pp. 341 – 359.

[6]　Lefebvre，M.，2012，Unemployment and Retirement in a Model with Age-specific Heterogeneity，*Labor*，（26），pp. 137 – 155.

[7]　Fisher W. H.，Keuschnigg C.，2011，Life-cycle Unemployment，Retirement，and Parametric Pension Reform. *Economics Working Paper*，Series 11 – 19，University of St. Gallen.

的法定退休年龄（李珍，1998①；穆怀中，2001②；柳清瑞、金刚，2011③）。延迟退休年龄能够降低养老保险的缴费率，提高企业吸纳劳动力的能力，低龄退休则可能会导致"资本驱逐劳动"，反而会提高失业率（罗元文，2001）④。杨俊（2008）⑤ 发现降低养老保险缴费率将会同时促进工资和就业的增长。也有学者研究发现，基于人口老龄化引起劳动力市场供给水平下降的背景，以养老保险缴费率降低为条件，提高法定退休年龄会产生扩大社会需求和增加社会就业总量的效应（郭正模，2010）⑥。而蔡昉（2009）⑦ 则认为延迟退休年龄是国际趋势与中国国情间的两难选择。

延迟退休年龄是否会影响就业对研究渐进式延迟我国退休年龄推进路径与推出时机具有重要意义，但是国外的研究重点主要集中于延迟退休对劳动参与率及退休年龄的影响因素分析，而国内目前尚缺乏延迟退休年龄对就业影响的经验分析文献。

本章基于工作搜寻理论，从理论和实证两个角度分析延迟退休年龄对失业的影响，为制定我国渐进式延迟退休年龄政策提供新的依据和思路。本章余下部分的结构安排是：第二部分构建理论框架，概述延迟退休年龄对失业率影响的机理；第三部分在理论分析的基础上提出假设，选取变量构建回归方程，并通过统计方法和回归方法分析延迟退休年龄对失业率的影响；第四部分利用《中国人口老龄化发展趋势百年预测》的数据模拟延迟退休年龄对失业率的影响；第五部分是结论及政策建议。

6.2 理 论 模 型

工作搜寻理论（DMP）（Diamond，1982⑧；Mortensen and Pissarides，1999⑨）

---

① 李珍：《关于中国退休年龄的实证分析》，载于《中国社会保险》1998 年第 4 期。

② 穆怀中：《老年社会保障负担系数研究》，载于《人口研究》2001 年第 4 期。

③ 柳清瑞、金刚：《人口红利转变、老龄化与提高退休年龄》，载于《人口与发展》2011 年第 4 期。

④ 罗元文：《养老保险制度中关于退休年龄的探讨》，载于《市场与人口分析》2001 年第 6 期。

⑤ 杨俊：《养老保险和工资与就业增长的研究》，载于《社会保障研究》2008 年第 2 期。

⑥ 郭正模：《对制度安排的劳动力市场退出和退休行为的经济学分析》，载于《社会科学研究》2010 年第 2 期。

⑦ 蔡昉：《退休年龄：世界难题与中国国情》，载于《决策探索》2009 年第 2 期。

⑧ Diamond. , Peter A. , 1982, Wage Determination and Efficiency in Search Equilibrium, *Review of Economic Studies*, （49）, pp. 217 - 227.

⑨ Mortensen D. , Pissarides C. , 1999, New Developments in Models of Search in the Labor Market, *Handbook of Labor Economic*, vol. 3 （39）, pp. 2567 - 2627.

将搜寻成本应用到劳动力市场，解释了就业市场中常见的一类经济现象：即大量空缺岗位与失业劳动力并存[①]。因为就业市场并不完全有效，雇佣者和求职者需要付出时间和资源等搜寻成本才能找到对方，并且雇佣关系的实现还依赖于双方同时对工资的认可。在劳动力市场信息不完全、求职者的搜寻成本会随着求职时间的延长而提高、求职时间越长预期工资越高三个假设条件下，就业人数会随着求职者数量的增加而上升。如果市场中存在大量的求职者，对于企业来说，找到合适的劳动力会更加容易，便会愿意增加雇佣；若市场上求职者较少，找到合适的劳动力需要付出更多成本，企业就可能放弃雇佣。因此工作岗位的数量实际上取决于求职者的数量。

基于工作搜寻理论，本章借鉴列伏尔（2012）[②] 的理论模型分析老年人的退休行为会对就业市场产生何种作用，从而推导出延迟退休对失业率的影响。

6.2.1　环境假定

首先是对人口环境的设定。假设经济运行环境由企业和劳动者构成，同时假定企业生产独一无二的产品并且只雇佣一个劳动者；劳动者由年轻劳动者和老年劳动者构成，以能够领取养老金的最早年龄为界，所有涉及两个群体的指标，分别用下标 y 和 o 表示（以 y 当下标的变量代表年轻劳动者，以 o 当下标的变量代表老年劳动者）。

假定年轻劳动者和老年劳动者的年龄在各自群体内平均分布，那么对整个劳动力市场来说，在任何时间点，年轻劳动者存在转为老年人的可能性 η_y，表明年轻劳动者中有 η_y 比重的人会进入分界年龄成为老年人；在分界年龄至法定退休年龄的时间段，老年人存在退休的可能性 η_o，即有 η_o 比重的人会退休。退休年龄越低，η_o 会越高。

设劳动力群体总量为 1，失业总人数为 u，则总体失业率为 u。劳动力群体中年轻人的比重为 p，则老年人比重为（1 - p）。年轻群体的失业率为 u_y，老年群体的失业率为 u_o，则失业年轻劳动者的数量为 pu_y，失业老年劳动者的数量为 $(1-p)u_o$，失业总人数 $u = pu_y + (1-p)u_o$，也即总体失业率。

① “空缺岗位与失业劳动力并存”这种现象是普遍存在的，在中国也不例外，“民工荒”和“大学生就业难”就是表现形式之一。

② Lefèbvre, M., 2012, Unemployment and Retirement in a Model with Age-specific Heterogeneity, *Labour*, （26），pp. 137 - 155.

其次是对生产效率的设定。年轻劳动者和老年劳动者的生产效率往往存在差异，设年轻劳动者的效率为 γ，老年劳动者的效率为 δγ。老年劳动者与年轻劳动者相比，虽然在精力和体力上有欠缺，但在技术和经验方面具有优势，因此很难判断二者的生产效率孰高孰低，即以 δ 代表老年与年轻劳动者的效率之比时，不能确定这一比值大于 1 还是小于 1。

再次是对匹配函数的设定。皮萨里德斯（Pissarides，2000）[1] 最早提出并发展了失业和岗位配置关系的匹配模型。假定劳动力市场中存在交易成本以及工资是建立在雇员和雇主讨价还价的基础之上的，劳动者和空缺岗位的匹配是按照规模报酬不变函数（CRS）来进行的，即 m = m(v，u) 为凸函数，其中 v 代表空缺岗位，u 代表求职的年轻人和老年人的数量，表示求职者数量和空缺岗位成正比。空缺岗位是对年轻人和老年人同等开放的，但是不对称的搜寻信息阻碍了这一匹配的顺利进行。在给定 CRS 技术函数以及匹配假设的前提下，一个空缺岗位实现雇佣的可能为 $q(\theta) \equiv \dfrac{m}{v} = m\left(1，\dfrac{1}{\theta}\right)$，一个劳动者找到工作的可能性为 $\dfrac{m}{u} = m(\theta，1) = \theta q(\theta)$。其中，θ = v/u，表示劳动力市场求人倍率[2]。在 CRS 假定下一个空缺岗位实现雇佣的可能性等于雇佣一个年轻人的可能性加上雇佣一个老年人的可能性：

$$q_y(\theta) = \frac{pu_y}{u}q(\theta) = p\pi q(\theta) \tag{6-1}$$

$$q_o(\theta) = \frac{(1-p)u_o}{u}q(\theta) = (1-p\pi)q(\theta) \tag{6-2}$$

其中，$\pi = \dfrac{u_y}{u}$，pπ 与（1 - pπ）分别表示整个失业群体中年轻人和老年人的比重。$q_y(\theta)$ 与 $q_o(\theta)$ 是工作机会的减函数，求职者数量的增函数。$\theta q_y(\theta)$ 与 $\theta q_o(\theta)$ 则正好相反。

最后是对匹配终止风险进行设定。空缺岗位和求职者实现匹配后并不稳固，存在终止风险，即实现就业者可能再次失业。假设年轻人和老年人就业后离职的可能为 μ_y 和 μ_o，当岗位的匹配结束后，工作岗位还有可能成为空白状态，雇佣单位需要付出维持成本 k 至寻找到新的雇员或取消岗位。

---

① Pissarides，Christopher A.，2000，Equilibrium Unemployment Theory，Cambridge，MA：MIT Press.
② 求人倍率是劳动力市场在一个统计周期内有效需求人数与有效求职人数之比，能够反映市场中的劳动力供需状况。求人倍率小于 1，说明劳动力供大于求；求人倍率大于 1，说明劳动力供不应求。

6.2.2　参与者均衡分析

劳动者和企业都是风险中性的，贴现率为 r。如果法律规定企业不能在雇佣前进行年龄歧视，那么企业提供的岗位能够实现雇佣的概率为 $q(\theta)$。空缺岗位的价值为：

$$rJ_v = -k + q(\theta)(J - J_v) \tag{6-3}$$

它取决于潜在雇佣的预期收益与维持成本的差额，其中 J 表示已实现雇佣岗位的价值。当雇佣实现后，岗位雇佣年轻人的价值 J_y 或者雇佣老年人的价值 J_o 是不同的：

$$rJ_y = \gamma - W_y + \mu_y(J_v - J_y) + \eta_y(J_o - J_y) \tag{6-4}$$

$$rJ_o = \delta\gamma - W_o + (\mu_o + \eta_o)(J_v - J_o) \tag{6-5}$$

其中，W_y 和 W_o 表示年轻人和老年人的工资。岗位价值首先来自产出和工资的差额，其次为就业者身份转变带来的价值变动。年轻人就业后，离职的可能性为 μ_y，转为老年人的可能性为 η_y；老年人离职的可能性为 μ_o，退休的可能性为 η_o，这些行为会导致岗位价值发生变化。已实现雇佣岗位的价值为雇佣年轻人和老年人价值的加权平均，权重为失业群体中两类人的比重：

$$J \equiv p\pi J_y + (1 - p\pi)J_o \tag{6-6}$$

前文提到，岗位空缺时企业需要付出维持成本，当企业从岗位雇佣中获取的预期收益恰好能弥补这一成本时，企业就会愿意提供新岗位，此时 $J_v = 0$。由公式（6-3）、公式（6-4）、公式（6-5）可知[①]：

$$\frac{k}{q(\theta)} = p\pi \frac{\gamma - W_y + \eta_y \dfrac{\delta\gamma - W_o}{r + \mu_o + \eta_o}}{r + \mu_y + \eta_y} + (1 - p\pi)\frac{\delta\gamma - W_o}{r + \mu_o + \eta_o} \tag{6-7}$$

其等价公式为：$k = q_y(\theta)J_y + q_o(\theta)J_o$，即雇佣的预期收益等于维持成本。公式（6-7）代表了岗位提供曲线以及企业对两种劳动者的混合需求，反映了岗位和失业者匹配的均衡状态。均衡状态下雇佣不同劳动者的价值[②]分别为：

$$J_y = \frac{\gamma - W_y + \eta_y J_o}{r + \mu_y + \eta_y} = \frac{\gamma - W_y + \eta_y \dfrac{\delta\gamma - W_o}{r + \mu_o + \eta_o}}{r + \mu_y + \eta_y} \tag{6-8}$$

$$J_o = \frac{\delta\gamma - W_o}{r + \mu_o + \eta_o} \tag{6-9}$$

---

①②　限于篇幅，未列出推导过程。

6.2.3 岗位数量的决定

考虑一个标准匹配函数，$m = v^{\varepsilon}u^{1-\varepsilon}(0 < \varepsilon < 1)$，可以很容易得到岗位提供数量[①]：

$$v = \left[\frac{pu_yJ_y + (1-p)u_oJ_o}{ku^{\varepsilon}}\right]^{\frac{1}{1-\varepsilon}} \qquad (6-10)$$

可见岗位的供给取决于求职者的构成以及雇佣不同群体的价值（J_y 和 J_o），与维持成本 k 成反比。我们从中可以得到的结论有：（1）岗位随老年求职者的数量增加而增加；（2）通常情况下，延迟退休年龄会对岗位的供给数量产生促进作用。

结论（1）非常明确，因为 $0 < \varepsilon < 1$，总求职者数量 u 会随着老年求职者数量 u_o 的增加而增加，二者的综合作用使得 v 增加。

关于结论（2），因为高退休年龄意味着较低的 η_o，则雇佣价值 [J_y 和 J_o，见公式（6-8）、公式（6-9）] 提高会使企业愿意提供的岗位数量增加，两类求职者就业都会变容易。

6.2.4 实际政策效果分析

现在我们考虑一项具体政策：延迟退休年龄。η_o 的降低会产生两种影响：第一，η_o 的降低增加了老年求职者的数量，根据结论（1），岗位供给的数量会增加；第二，根据结论（2），它提高了年轻人和老年人工作的价值，也会使企业提供的岗位增加。在二者的共同作用下，延迟退休年龄使得企业为就业人群提供的岗位数量大大增加，进而会提高社会就业水平。

6.3　人口因素对失业率影响的实证分析

6.3.1　基本假设

基于以上分析，我们提出如下假设：

---

① 限于篇幅，未列出推导过程。

假设 H：延迟退休年龄，失业率会降低。具体来说，退休年龄的延迟会在两个方面对失业率产生影响（假设 H1、H2），在此基础之上，我们选取了国内外学者经常用到的两个表示人口因素变量的指标——劳动年龄人口（Labor）及总人口抚养比（Ratio），并对该指标进行了进一步的假设。

假设 H1：延迟退休年龄之后，劳动年龄人口越多，失业率越低。DMP 理论认为工作岗位的数量实际上取决于求职者的数量，工作岗位的增加能够带动就业的增长。同时根据前述模型，延迟退休会带来劳动人口增加，相应地求职者数量增加，从而使得提供的岗位数目增加，雇佣的匹配更容易发生，失业率降低。

假设 H2：延迟退休年龄之后，总人口抚养比越低，失业率越低。退休年龄的延迟，也体现在总人口抚养比的降低方面。根据凯利（1973）[1] 的分析，基于生命周期理论，总人口抚养比会通过影响储蓄和消费的分配比例作用于经济增长，从而引致失业率的变动。总人口抚养比的变动反映了人口结构的变化，这一比例上升时，意味着消费群体增加，社会储蓄减少，转化的投资减少，经济增长放缓，失业率上升。

6.3.2　数据来源及变量选取

文中被解释变量选用城镇登记失业率基础上推算出的实际失业率；解释变量为劳动年龄人口和总人口抚养比；我们选取其他可能影响失业率变量的经济指标作为控制变量。

（1）失业率。实际失业率是指城镇实际失业人口与经济活动人口的比值，其中经济活动人口包括就业人口和失业人口。文中实际失业率的推算方法选用调整系数法，即以各年登记失业率为基准，乘以某一系数，得到真实失业率（李金叶等，2011）[2]。人口普查年份的调整系数为普查得到的真实失业率与登记失业率的比值，那么 2000 年与 2010 年的系数可通过直接计算得出，其他年份的系数则基于移动平均法推算得到。以城镇登记失业率与调整系数相乘，可得到 2000 ~ 2010 年各地区的实际失业率。

（2）劳动年龄人口。基于数据的可获得性和国内已有文献的经验，文中退休

---

① Kelly, A. C., 1973, Population Growth, the Dependency Rate, and the Pace of Economic Development, *Population Studies*, （27）, pp. 405 – 414.

② 李金叶等：《基于修正移动平均模型的调整系数法对我国实际城镇失业率的测算与分析》，载于《企业经济》2011 年第 10 期。

年龄均以 60 岁计算，劳动年龄人口界限的年龄区间设定为 15 ~ 59 岁。

（3）总人口抚养比。总人口抚养比为 0 ~ 14 岁和 60 岁及以上人口数的总和与 15 ~ 59 岁人口数的比率。其中，60 岁及以上人口数与 15 ~ 59 岁人口数的比率称为老年抚养比；0 ~ 14 岁人口数与 15 ~ 59 岁人口数的比率称为少儿抚养比。

各省份劳动年龄人口统计数据均为 15 ~ 64 岁，根据全国 15 ~ 59 岁人口占比对其进行调整，得到以 60 岁为界的劳动年龄人口和总人口抚养比。

（4）控制变量。为了排除经济因素对失业率的影响，我们还对相关变量进行了控制。第一，根据美国著名经济学家阿瑟·奥肯的观点，GDP 每增加 2%，失业率大约下降 1%。我们用地区生产总值增长率代表这一影响。第二，菲利普斯曲线表明失业率与通货膨胀率之间存在交替关系，高通货膨胀率往往伴随着低失业率。因此我们假设失业率与通货膨胀率存在负相关的关系，用调整后的居民消费价格指数表示。第三，配第—克拉克定理认为，第二产业的就业比重往往同步于经济增长，是劳动力的重要聚集地；而第三产业的就业效应会不断增长，被认为是吸收劳动力能力最强的领域。因此我们假设二三产业比重提高，失业率也会下降。衡量这一效应的指标选取的是第二、第三产业的产值占全社会生产总值的比重。第四，失业率还可能受到工资水平的影响，当工资水平无法满足劳动者的要求时，会有更多的劳动者选择再次就业，从而会在一定时间内提高失业率。我们选用城镇单位就业人员平均实际工资指数作为该作用的衡量指标。第五，将时间变量作为虚拟变量，排除年份因素对回归结果的影响。

以上各变量来自 30 个省、自治区、直辖市[①] 2000 ~ 2010 年的数据，均为城镇数据。其中，用以计算实际失业率的城镇登记失业率来源于《中国人口和就业统计年鉴 2012》，其余解释变量均来自 2000 ~ 2011 年《中国统计年鉴》。因劳动年龄人口绝对值较大，所以进行了取对数处理。

基于以上假设选取的计量指标，建立如下回归方程：

$$Unem = \alpha_0 + \alpha_1 Labor + \alpha_2 Wage + \alpha_3 Grp + \alpha_4 CPI + \alpha_5 Industry + \upsilon_0 \quad (6-11)$$

$$Unem = \beta_0 + \beta_1 Ratio + \beta_2 Wage + \beta_3 Grp + \beta_4 CPI + \beta_5 Industry + \mu_0 \quad (6-12)$$

$$Unem = \lambda_0 + \lambda_1 Labor + \lambda_2 Ratio + \lambda_3 Wage + \lambda_4 Grp + \lambda_5 CPI + \lambda_6 Industry + \tau_0$$

$$(6-13)$$

其中，解释变量 Labor 表示城镇劳动年龄人口；Grp 表示地区生产总值的增长率；CPI 为以 2000 年为基础经过调整后的城镇居民消费价格指数；Industry 为第二、第三产业的产值占全社会生产总值的比重；Wage 使用的是城镇单位就业

---

① 不包括西藏。

人员平均实际工资指数；Ratio 表示总人口抚养比。被解释变量 Unem 表示实际失业率，根据城镇登记失业率推算而来。

6.3.3 统计分析

图 6 - 1 通过对 2000 ~ 2010 年 10 年间各省份数据进行总作图，直接表现出实际失业率与劳动年龄人口、老年抚养比以及总人口抚养比之间的变动关系。其中，图 6 - 1 中所标注的主坐标轴数值为绝对数，各变量的单位根据数据的实际情况各不相同，实际失业率和人口抚养比的单位是百分比，劳动年龄人口单位为万人并进行了对数处理。同时，为了更好地表现各变量之间的关系，我们将总人口抚养比曲线和老年抚养比曲线单独对应到图中次坐标轴（右侧）。从图 6 - 1 中可以看出，每条曲线出现波动的时间大体一致。因而我们可以初步判定各主要变量之间确实存在相关关系。另外，将总人口抚养比、老年抚养比曲线与少儿抚养比曲线对应到不同的坐标轴后，总人口抚养比曲线与少儿抚养比曲线逐渐呈现出重合的状态。这个现象表明，在本章的数据中，相较于老年抚养比，少儿抚养比可能对总人口抚养比的影响更大。由于延迟退休年龄主要影响的是老年抚养比指标，因此在后文的回归分析中，在前文设计的模型基础之上，我们又分别考虑了老年抚养比和少儿抚养比的影响，通过重点对老年抚养比的检验分析观察延迟退休对失业率的影响。

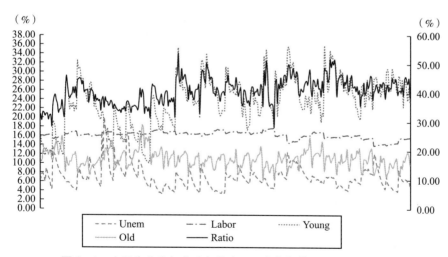

图 6 - 1 实际失业率与劳动年龄人口、老年抚养比、少儿抚养比以及总人口抚养比的变动关系图

注：失业率和少儿抚养比见左轴（%）；总人口抚养比和老年抚养比见右轴（%）；劳动年龄人口（万人取对数）曲线作为各抚养比曲线和失业率曲线变化趋势的参照，单位未在坐标轴显示。

6.3.4　相关性分析

在相关性分析中（见表 6 - 1），我们发现，实际失业率与劳动年龄人口成反比，即延迟退休年龄会使劳动年龄人口增加，从而降低失业率，这与我们的假设 H1 是一致的。但另一方面，实际失业率变量却与老年抚养比、少儿抚养比以及总人口抚养比均成负相关关系，与假设 H2 的观点相反。由于相关性检验只是一个初步的相关关系分析，其结果并不具备足够的说服力，而回归分析才能够在控制其他变量的情况下研究劳动年龄人口和抚养比对实际失业率的影响，因此要通过回归分析进一步提高计量结果的准确性和可靠性。

表 6 - 1　　　　　　　　　　　各变量相关性分析结果

变量	Unem	Labor	Ratio	Old	Young	Wage	Grp	CPI	Industry
Unem	1.0000								
Labor	-0.2469	1.0000							
Ratio	-0.0531	-0.2559	1.0000						
Old	-0.0716	0.1823	-0.0646	1.0000					
Young	-0.0061	-0.3050	0.8530	-0.5760	1.0000				
Wage	-0.4548	0.1344	-0.3487	0.5336	-0.5647	1.0000			
Grp	-0.3071	0.0107	-0.1296	0.2006	-0.2110	0.4805	1.0000		
CPI	-0.4045	0.0182	-0.0608	0.3020	-0.2077	0.7458	0.4822	1.0000	
Industry	-0.2294	0.2631	-0.5714	0.3782	-0.6659	0.6050	0.2481	0.1880	1.0000

6.3.5　回归分析

表 6 - 2 进行的回归（1）至（3）分别对应上述方程（6 - 11）至方程（6 - 13）。回归（1）的结果显示，劳动年龄人口对实际失业率的影响为负且在 1% 水平上显著，与前述假设 H1 一致。现实的数据也支持了这一结论：从 2000 年以来我国劳动年龄人口持续增加，但失业率一直下降[①]，主要原因在于经济的迅速发展需

　　[①]　我们推算的实际失业率表明了这一趋势。蔡昉也提出，"失业率在 2000 年的时候达到了最高，然后就下降了。2002 年以后一直到现在，每年失业率都是下降的"。http://finance.sina.com.cn/economist/jingjixueren/20070729/11293830006.shtml。

要更多劳动力，而劳动年龄人口的增加满足了这一需要。当然这并不意味着纯粹增加劳动年龄人口就可以降低失业率，当经济发展具有容纳能力时，增加求职人口能够促进充分就业，从而降低失业率；若经济发展所能容纳的劳动力达到饱和，增加求职人口则只会增加失业率。从产业结构可以判断我国当前的经济状况还未达到劳动力饱和，第三产业刚刚追平第二产业①，未来比重会持续上升，吸纳劳动力的空间会越来越大，因此我国经济对劳动力的吸纳能力还会继续增长。同时，回归（2）和（3）中总人口抚养比系数为负，根据前面的统计分析，总人口抚养比受到少儿抚养比的影响更大，因此，我们将总人口抚养比中的少儿抚养比和老年抚养比分别进行了回归，重点观察老年抚养比对失业率的影响。回归结果见表 6-3。

表 6-2　　　实际失业率对劳动年龄人口和总人口抚养比的回归结果

变量	（1）	（2）	（3）
Labor	-0.738 *** (0.176)		-0.861 *** (0.174)
Ratio		-0.162 *** (0.029)	-0.184 *** (0.030)
Wage	-1.823 ** (0.820)	-1.241 (0.851)	-2.301 *** (0.821)
Grp	-7.607 * (3.958)	-4.841 (3.889)	-6.676 * (3.848)
CPI	-0.035 (0.035)	0.043 (0.035)	-0.012 (0.036)
Industry	3.455 (3.571)	-5.567 (3.583)	-1.695 (3.151)
Year	Control	Control	Control
Constant	38.613 *** (7.936)	27.296 *** (7.566)	54.145 *** (9.101)
Observations	330	330	330
R-squared	0.273	0.282	0.338
Adj. R-squared	0.381	0.381	0.381

注：***、**和*分别表示1%、5%和10%的显著性水平，下文中相同情况不再一一说明。

① 2012年中国第二产业比重45.3%，第三产业比重44.6%。

表6-3 实际失业率对老年抚养比和少儿抚养比的回归结果

变量	(1)	(2)	(3)	(4)
Labor			-0.882 *** (0.163)	-1.028 *** (0.168)
Old	0.243 *** (0.050)		0.288 *** (0.050)	
Young		-0.208 *** (0.028)		-0.247 *** (0.032)
Wage	-1.929 ** (0.914)	-2.166 ** (0.888)	-3.157 *** (0.873)	-3.609 *** (0.880)
Grp	-5.069 (3.787)	-3.811 (3.602)	-6.944 * (3.686)	-5.788 * (3.474)
CPI	0.007 (0.034)	0.044 (0.034)	-0.056 * (0.033)	-0.022 (0.032)
Industry	-0.736 (3.907)	-7.266 ** (3.514)	3.914 (3.499)	-3.057 (2.971)
Year	Control	Control	Control	Control
Constant	23.498 *** (6.865)	36.000 *** (7.577)	50.737 *** (7.977)	69.858 *** (9.597)
Observations	330	330	330	330
R-squared	0.275	0.334	0.333	0.411
Adj. R-squared	0.381	0.381	0.381	0.381

表6-3回归（1）至（4）分别将老年抚养比、少儿抚养比以及同时将老年抚养比与劳动年龄人口、少儿抚养比与劳动年龄人口作为解释变量，被解释变量仍然是城镇实际失业率。结果显示，单独对老年抚养比进行回归时，失业率与其呈现显著的正相关关系，而与少儿抚养比依然是显著的负相关关系。萨缪尔森的家庭储蓄需求模型可以解释出现这一结果可能的原因：少儿人口数和储蓄数量之间存在替代关系，孩子可以被看作是储蓄的替代物。当少儿人口的数量较高时，用于子女的费用就会增加，带动了诸如教育等相关产业的发展，从而给社会提供了更多的工作岗位，失业率下降。由于延迟退休影响的是老年抚养比，因此，该现象不是我们讨论的重点。老年抚养比的系数显著为正，与前面的分析是相符合

的，也可以说明假设 H2 成立。

另外，表 6-2 回归（3）中 Labor 和 Ratio 的系数以及表 6-3 回归（3）中 Labor 和 Old 的系数均高于表 6-2 回归（1）、（2）以及表 6-3 回归（1）中对各变量进行单独回归的系数。这表明，延迟退休年龄，老年人口抚养比将会降低，全社会总人口抚养比也会跟着降低，相应地，劳动年龄人口增加，在两种作用的相互影响和促进下，延迟退休会对失业率产生更大的影响。从而我们可以验证 DMP 理论模型分析的结果以及假设 H，即延迟退休能够降低失业率。

6.4　延迟退休对失业率影响的模拟分析

延迟退休会改变劳动力市场上的人口结构，使劳动年龄人口数量增加而老年抚养比下降，前文的分析已经表明二者均会对失业率产生显著影响。本部分主要预测未来由于延迟退休年龄带来的劳动年龄人口和老年人口抚养比变动导致的失业率变化，并与保持当前退休年龄的失业率相对比，以观测在其他条件不变的情况下，不同的延迟退休年龄条件会对失业率产生何种影响。具体方法为，利用表 6-3 回归（3）中得到的系数作为各因素的影响系数，代入各影响因素的预测值，模拟得到未来一段时间内的失业率。

在预测未来一段时期的失业率时，假定经济因素不变①，取现有数据的平均值纳入回归方程，人口因素的数据来自《中国人口老龄化发展趋势百年预测》。因为男性和女性在退休年龄上存在差别，为使计算结果更加准确，模拟分析时仅使用男性人口数据，这样更能够真实地反映失业率的变化。具体方法如下：

首先，作为对比，计算保持 60 岁退休年龄不变的失业率②，见表 6-4 中的列（1），可见失业率会逐步上升，图 6-2 中最上面一条曲线呈现了这种变化趋势。伴随着人口老龄化的发展，劳动年龄人口持续下降而老年人口抚养比在不断上升，根据回归结果，劳动年龄人口下降会导致失业率上升，老年人口抚养比的上升也会带来失业率的上升，因此，人口老龄化引起失业率上升。

---

① 更好的模拟方法是同时模拟经济因素的变动，我们假定经济水平不变，维持 2000～2010 年的平均水平。

② 因回归所用数据为各省份数据，预测数据为全国范围，计算此失业率用到的劳动年龄人口以全国该年龄段人口除以 31 作为平均数据使用。

表6-4　　　　　　　　　　不同状态下的失业率（男性城镇人口）　　　　　　　单位：%

年份	（1）60岁退休	（2）2020年起延迟退休	（3）2025年起延迟退休	（4）2030年起延迟退休
2020	8.01	7.51	8.01	8.01
2025	9.35	8.04	9.35	9.35
2030	11.18	8.69	10.31	11.18
2035	13.03	9.52	11.21	12.07
2040	14.13	10.25	11.70	12.48
2045	15.49	10.86	11.70	12.59
2050	17.64	11.66	11.66	12.73
2055	18.51	13.12	13.12	12.76
2060	18.31	13.59	13.59	13.59
2065	18.46	13.34	13.34	13.34
2070	18.71	13.43	13.43	13.43
2075	19.27	13.54	13.54	13.54
2080	19.33	13.92	13.92	13.92

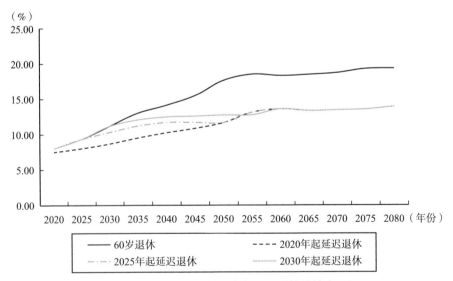

图6-2　实际失业率模拟变化图（男性城镇人口）

　　然后，基于老年人口预测数据，模拟不同延迟退休方法下的实际失业率。因延迟退休的渐进性，表 6-4 中列（2）假定男性从 2020 年开始，每 5 年①延迟 1 岁，至 2045 年完成 65 岁的退休年龄。在 2020 年之前将保持现有状况不变，仍然以 60 岁为退休年龄计算。2020 年开始变为 61 岁退休，此时，60 岁人口仍然为劳动年龄人口②，计算出新的劳动年龄人口和总人口抚养比，纳入方程推算实际失业率。2025 年退休年龄为 62 岁，此时，60 岁和 61 岁的人口仍然为劳动年龄人口，重新计算此条件下的实际失业率。依次类推，可一直计算到 2040 年，之后则保持 65 岁的退休年龄，测算失业率。实际失业率曲线见图 6-2 的最下面一条曲线。用相同的方法可以计算从 2025 年、2030 年开始延迟退休的失业率变化，见表 6-4 中列（3）、列（4），实际失业率曲线分别为图 6-2 中的中间两条曲线。

　　通过比较发现，延迟退休后的失业率走势与保持 60 岁退休年龄的失业率走势基本相同，但总体失业率却相对下降了。这是因为延迟退休提高了退休年龄，相比于 60 岁的退休年龄，劳动年龄人口增加而总人口抚养比下降，根据回归结果，这会使得失业率出现下降，因此延迟退休后的失业率水平要低于当前退休年龄的失业率。

　　选择不同时机开始延迟退休也会对失业率的变动产生不同的影响。与 60 岁的退休曲线相比，其他每条曲线均在其之下，通过对四条曲线进行垂直对比发现，在延迟进行阶段，2020 年开始延迟退休的失业率水平最低，2025 年开始延迟退休的失业率水平与 2030 年开始延迟退休的失业率水平基本持平，都高于 2020 年开始延迟退休的失业率水平；在完成阶段，2020 年开始延迟退休的失业率水平会有明显的上升，而 2025 年和 2030 年开始延迟退休的失业率水平过渡得比较平稳。基于此，在政策实施的时候，更为缜密地计算是非常必要的。从本章的数据来看，显然对于男性来说，2030 年开始延迟退休是比较合适的，失业率水平虽然较 2020 年开始延迟退休的失业率水平偏高，但也明显低于 60 岁退休年龄的失业率水平，延迟过程及完成阶段都比较平稳，波动较小。

---

　　①　因公布的老年人口预测数据时间间隔为 5 年，此处选择 5 年实为计算方便。事实上，由于 1 年 12 个月的时间特性，政策上更可能选择 6 年或 4 年延迟一岁。

　　②　《中国人口老龄化发展趋势百年预测》以 60~64 岁为一个年龄段公布人口数，假设一个年龄段内人口平均分布，可计算出 60 岁人口数量，进一步计算劳动力人口比重和老年抚养比。

6.5 结论及政策建议

基于 DMP 理论的分析表明，提高退休年龄使得企业提供的岗位数量增加，进而降低失业率。实证分析的结果验证了这一结论在中国的有效性，失业率与劳动年龄人口呈现负相关关系，与老年抚养比正相关，且均呈现出较高的显著性。劳动年龄人口的增加或者老年抚养比的降低一方面意味着就业市场可以为企业提供的劳动力更加充足；另一方面企业也愿意增加空缺岗位的数量。在两方面的共同作用下，求职者和雇主的匹配更加容易实现，从而增加就业。进一步模拟分析发现，根据我国国情，老龄化仍将持续，这一人口发展的特点决定了失业率的上升趋势，通过延迟退休年龄恰恰能够降低失业率水平；延迟退休开始的时间不同，失业率的波动也会不同，因此选择合适的开始时机和实施步伐对于延迟退休政策的平稳落地有重要意义。

合适的时机取决于两个方面：一是解决制度上的阻碍；二是技术手段的推算。

制度上的阻碍主要在于养老金双轨制和现行工作制度。养老金双轨制必须取消才能保证延迟退休政策的顺利推进。"国家养老"一是使得劳动力队伍争相挤进"体制内"，造成就业失衡；同时也加重了财政负担，产生社会不公，弊端凸显。改革的阻力一方面在于改革者要消除自身的既得利益，从"理性经济人"的角度来说这是很困难的，政策制定者应当有勇气打破坚冰，真正促进社会公平；另一方面，群众反对延迟退休的一个重要原因是现行制度下工作辛苦，恐难以支撑到更高的退休年龄。因此，改善工作环境、提高工资收入、实现带薪休假等工作制度改革会有助于延迟退休政策的推行。

技术手段可以模拟出较为合适的退休年龄和实施路径。通过预测未来的人口及经济情况变化，利用人口因素、经济因素对失业率的影响系数，可以模拟出不同延迟退休方式下的失业率状况，从中择取最优的实施路径。

事实上，最优退休年龄的决策需要更为严谨的测算。延迟退休的路径除了考虑行业外，还需要更为谨慎地预测未来经济增长是否能长时间地维持、三次产业结构的比重变化、计划生育政策的放开对人口总量和结构的影响等，这些都是后期需要深入研究的问题。

第7章

完善多层次养老保险体系的困境与突破

20 世纪 80 年代以来，OECD 国家和一些新兴经济体，在面临人口老龄化、劳动年龄人口减少、劳动参与率下降及经济增速放缓等问题时，无不积极改革养老保险制度，以维持养老保险制度的财务可持续性。延迟退休年龄无一例外地成为各国在新的人口、经济和社会背景下进行养老保险制度改革的内容。延迟退休年龄对于缓解养老金支付压力、降低企业缴费率、提升中国经济的全球竞争力具有重要意义。然而，根据第 3 章的研究，延迟退休虽在一定程度上能够缓解养老金支付压力，但是长期看，其并不能从根本上解决养老金缺口问题和养老金支付困难的问题。根据第 4 章的研究，降低社会保险缴费率对于激励企业增加投资、提升企业价值具有正向的影响。而在人口预期寿命延长、生育率下降、老龄化加速发展的背景下，人口赡养比不断提高，如果既不延迟退休，也不及时根据老龄化的发展基于精算进行待遇调整机制改革、形成待遇随人口老龄化发展的自调整机制，那么人口赡养率提升和经济增速放缓的双重约束会使社会保险缴费率的下调面临挑战。根据第 5 章的研究，退休对男性心理健康和女性慢性病减少产生正向影响，这意味着延迟退休年龄应考虑退休对健康的积极影响，并调整老年劳动者的劳动时间和退出劳动力市场的方式。第 6 章的研究结论则发现，延迟退休不必然导致失业率上升，但是政策推出的时机与方式需要审慎。

总体而言，根据前文的研究，我们可以得到初步的结论：随着人口老龄化的发展以及经济增速的放缓，延迟退休年龄势在必行。然而，一方面，制定延迟退休政策应考虑退休延迟对健康可能产生的负向影响以及对就业市场的影响，适时、渐进、弹性地推出延迟退休方案。需要注意的是，延迟退休年龄并不是养老保险制度可持续发展的灵丹妙药，其并不能从根本上解决养老保险制度的可持续发展问题。另一方面，在延迟退休年龄方案迟迟不能推出的背景下，城镇职工基本养老保险基金支付财务压力不断增加,企业社会保险缴费率虽然自 2015 年以来了连续 6 次降低或阶段性降低,但是职工基本养老保险的企业缴费率仅阶段性下调了 1 个百分点①,财政支付压力下养老保险制度的公平可持续发展必须另辟蹊径。本章从国际比较的视角,研究全球化背景下公平可持续发展的养老保险制度改革选择,认为仅有制度参数小调整并不能完全避免养老金支付风险,人口老龄化背景下养老保险制度的公平可持续发展亟须大变革。多层次养老保险体系的构建与结构完善,政府、社会、企业、个人的养老保险责任重构,"统账结合"的基本养老保险制度模式改革是养老保险可持续发展的根本保障。

当今,随着人口老龄化的发展,OECD 国家和部分新兴经济体对本国养老保险制度的结构进行调整,对政府、企业、个人及社会的养老保险责任进行重新的审视和定位。由现收现付制转向基金积累制,降低第一层次基本养老保险的比重,提高第二、第三层次补充养老保险和个人储蓄养老保险比重,实现养老保险制度向市场化、私有化的转变,增加个人在养老保险计划中的责任,这些改革既适应人工智能时代养老需求多样化和个性化的需要,又能从根本上消除老龄化带来的养老金财政支付困境,同时对降低基本养老保险企业缴费负担、实现养老金与资本市场良性互动、促进资本市场健康发展及增强企业的国际竞争力又具有重要意义。

7.1 我国多层次养老保险体系的发展现状

自 20 世纪 80 年代中期开始,我国开启了以养老保险制度改革为核心的社会保障改革新征程。随着社会主义市场经济的建立、市场经济改革的深化、社会主要矛盾的变化,我国的养老保险制度经历了从作为"国有企业改革的配套措施"到"社会主义市场经济的重要支柱"再到"国家的一项基本社会经济制度"的改革嬗变。由于养老保险的初始改革不是作为独立制度设计,而是作为国有经济改革的配套制度,这一定位决定了养老保险制度改革是被动的、次要的、缺乏顶层设计和长期目标的制度。先天不足导致我国的养老保险制度体系框架中基本社会养老保险一层独大。为完善我国多层次养老保险制度设计,合理分担政府、企业、社会与个人的养老保险责任,早在 1991 年,国务院发布的《国务院关于企

---

① 李克强总理在 2019 年的《政府工作报告》中提出,可将养老保险的企业缴费率下调至 16%,并于 2019 年 5 月起实施。

业职工养老保险制度改革的决定》提出：随着经济发展，逐步建立起基本养老保险、补充养老保险以及个人储蓄养老保险的多层次养老保险制度框架，改变养老保险由国家彻底承包下来的做法，实行国家、企业、个人三者共同责任，职工也须缴纳一定费用。然而，多年来，企业年金、个人储蓄养老保险等第二、第三支柱的发展明显不足并出现停滞，多层次养老保险体系建立进展缓慢，社保基金投资运营收益率低，养老金财务安全性、收益性、流动性不尽如人意。而基本养老保险基金支付能力随着人口老龄化的发展已经捉襟见肘。

7.1.1　基本社会养老保险一层独大

首先，由于历史的原因，我国养老保险制度体系中作为第一层次的基本养老保险一层独大，基本养老金收入是绝大多数退休职工老年生活的唯一收入来源。我国的养老金制度是从退休金制度改革而来的，改革前，职工在职期间不缴费，退休时从企业领取退休金。随着 20 世纪 90 年代初我国养老保险制度的改革，原来由企业承担的养老保险责任就平移到社会养老保险经办机构，由政府负责养老金统一发放，并建立了企业和职工缴费制度，制度模式采用现收现付制，养老保险制度从"企业包办"转变为"政府包办"。养老保险由政府负责的单支柱模式初步形成。其次，参保人的养老保险观念与人口经济发展的变化不相适应。对于职工个人而言，养老保险由政府机构经办，退休收入更有保障，而且每年会根据经济增长率、财政能力进行一定的上调[1]，上调的幅度远大于工资的增长幅度，搭"养老保险高保障"便车福利的行为也比较普遍。然而，现收现付制适用于人口年龄结构稳定并相对年轻的社会，具有"横向分配"的本质和特征。随着人口老龄化发展，2012 年开始，我国退休领取养老金人数的增速超过参保人数的增速，又随着人口预期寿命的延长，财政补贴连年增长，财政支付压力不断增大（见表 7-1、表 7-2）。河北等部分省份养老金出现当期收不抵支，黑龙江等一些省份养老金已经"穿底"[2]，财政不堪重负。对于工作一代，缴费负担沉重，代际公平受到影响，其对自己未来养老缺乏信心，缴费积极性降低。然而退休职工已经对养老保险的领取和上调形成预期。基本养老金收入基本上是退休人员的

---

[1]　2005 年以来，已经实现 18 连涨，2005 年、2008~2015 年每年提高 10%，2006 年提高 23.7%，2007 年提高 9.1%，2016 年降到 6.5%，2017 年为 5.5%，2018~2020 年为 5%，2021 年为 4.5%，2022 年为 4%。据统计，我国基本养老金的平均水平已经由 2005 年的 714 元/月上升到 2020 年的 3300 元/月，企业退休人员养老金水平翻了两倍多。

[2]　累计结余出现亏空。

唯一收入,养老金的连年上涨造成一些地区财政支付困难,保民生压力突出,养老金结构单一且不合理。在人口老龄化和经济发展进入新常态的背景下,养老金结构处于基本养老保险一层独大的失衡状态,如果养老保险制度结构长期不能适应经济社会人口条件变化而进行及时调整,那么经济社会健康发展将面临挑战。最后,现行制度扭曲职工缴费与退休行为。现收现付制下,职工退休后的退休金收入取决于退休前工资和缴费年限,而与人口结构变化、基金投资收益无关,养老金持续上涨,没有规划人口结构老龄化的老龄因子和财务可持续因子,基本养老保险福利基本上可谓是"最慷慨"的养老金待遇模式。领取全额养老金的缴费年限要求短,只有15年,养老金根据体制内职工平均工资计算,待遇上调行政化。因此,退休行为中存在逆向选择和道德风险。在人口老龄化不可逆的背景下,当职工达到领取退休金年龄后,职工额外缴费现值大于获取的额外收益的现值,也就是多工作、多缴费将被征收惩罚性税收。近些年,受经济下行压力不断加大的影响,一些企业经营出现困难,企业职工收入增长缓慢,现收现付制的"横向平衡"特征激励职工提前退休行为的发生。缴费收益与缴费额、缴费年限相关性不强,缺乏精算基础上的平衡,因此,制度缺乏劳动力延迟退出劳动力市场的供给激励,职工多工作、多缴费的机制没有真正有效地建立。而且,在人口老龄化的背景下,现收现付的养老保险制度的养老金的支付风险完全由企业和政府负担,职工是无风险的受益者。对于职工个人而言,无论社会经济发生何种变化,基本养老保险都是最保险的保障,没有任何风险。长期中,单一支柱的养老保障模式终将使政府因人口老龄化与经济增速放缓而陷入困境。

表7-1　　　　　2011~2017年基本养老保险基金收支、财政补贴情况

年份	基金收入(其中征缴收入)(万亿元)	收入增长率(%)	基金支出(万亿元)	支出增长率(%)	累计基金结余(万亿元)	财政补贴(亿元)
2011	1.6895 (1.3956)	25.9 (25.6)	1.2765	22.9	1.9497	2272
2012	2.0000 (1.6467)	18.4 (18.0)	1.5562	21.9	2.3941	2648
2013	2.2680 (1.8634)	13.4 (13.2)	1.8470	18.7	2.8269	3019
2014	2.5310 (2.0434)	11.6 (9.7)	2.1176	17.8	3.1800	3548
2015	2.9340 (2.3020)	15.9 (12.6)	2.5813	18.7	3.5345	4716
2016	3.5100 (2.6768)	19.5 (16.3)	3.1854	23.4	3.8580	6511
2017	4.3300 (3.3000)	23.5 (23.3)	3.8052	19.5	4.3885	8004

资料来源:2011~2017年各年《人力资源和社会保障事业发展统计公报》。

表 7 - 2　　　　　　　　我国城镇职工基本养老保险参保人数

年份	城镇职工基本养老保险参保人数（万人）	增长率（%）	职工人数（万人）	增长率（%）	退休人员人数（万人）	增长率（%）
2007	20136.9	7.3	15183.2	7.4	4953.7	6.9
2008	21891.1	8.7	16587.5	9.2	5303.6	7.1
2009	23549.9	7.6	17743.0	7.0	5806.9	9.5
2010	25707.3	9.2	19402.3	9.4	6305.0	8.6
2011	28391.3	10.4	21565.0	11.1	6826.2	8.3
2012	30426.8	7.2	22981.1	6.6	7445.7	9.1
2013	32218.4	5.9	24177.3	5.2	8041.0	8.0
2014	34124.4	5.9	25531.0	5.6	8593.4	6.9
2015	35361.2	3.6	26219.2	2.7	9141.9	6.4
2016	37929.7	7.3	27826.3	6.1	10103.4	10.5

资料来源：《中国统计年鉴2018》。

7.1.2　企业年金发展缓慢、职工参与积极性不高

我国企业年金制度的建立始于 2004 年，但发展速度缓慢。截至 2017 年，我国建立企业年金的企业户数为 8.04 万户，而且以国有企业、垄断企业为主，并且集中于东部发达地区；参保职工人数为 2331 万人，仅为参加基本养老保险人数的 5.79%（见表 7 - 3），企业年金覆盖面偏低，发挥的保障作用有限。2017 年，企业年金余额为约 1.2 万亿元。从养老金财富积累看，2017 年，企业年金余额占 GDP 的比重为 1.57%，远低于 OECD 国家 82.8% 的平均水平。此外，支持企业年金补充养老保险发展的政策呈现力度低、层次低的"双低"特点，企业年金发展规范性不强，其在一些企业成为变相福利，提前领取现象普遍。究其原因：一是我国企业年金的建立采取自愿原则，由企业和职工共同缴费，政府给予税收及其他政策优惠。企业年金制度是市场化投资运营的补充养老保险制度。然而由于社会基本养老保险缴费负担较重，大多数企业尤其是小微民营企业无力再为职工建立企业年金。央企、国企、事业单位实力雄厚，是建立企业年金的主要力量。因此企业年金被戏称为"富人俱乐部"。二是我国资本市场还不发达，基金投资范围受限。目前，企业年金基金不允许投资境外资本市场，基金投资收益

偏低，2007～2015年平均收益率为8.09%，而且基金投资收益波动幅度大，基金管理及运营还不成熟、不规范。三是企业年金发展缺乏明确的目标和规范。为适应人口老龄化发展趋势，我国计划大力发展企业年金和个人商业养老保险。在我国，企业年金的建立以参加基本养老保险为前提，而且奉行雇主与雇员缴费自愿参与的原则。而发达国家的经验表明，自愿参与原则下企业年金覆盖范围难以扩大。近些年，美国、英国建立了"自愿加入"的温和型强制建立企业年金的制度，德国强制建立了企业年金的制度。企业年金的管理、运营、投资等规范也有待完善。

表7-3　　　　　　　　2007～2017年我国企业年金发展情况

年份	企业数（百个）	职工数（万人）	积累基金（亿元）	企业年金/GDP（%）
2007	320	929	1519	0.56
2008	331	1038	1911	0.60
2009	335	1179	2533	0.73
2010	371	1335	2809	0.68
2011	449	1577	3570	0.73
2012	547	1847	4821	0.89
2013	661	2056	6035	1.01
2014	733	2293	7689	1.19
2015	755	2316	9526	1.38
2016	763	2325	11075	1.49
2017	804	2331	12880	1.57

资料来源：根据《全国企业年金业务数据摘要（2018）年度》计算或直接填列。

7.1.3　个人账户养老保险和商业养老保险几近空白

2018年我国个人储蓄性商业养老保险进入启动阶段，政府持续发力助力建设第三支柱。2018年4月，财政部等四部委联合发布《关于开展个税递延型商业养老保险试点的通知》。第一，鼓励发展个税递延型商业养老保险，对在试点地区取得薪资、连续性劳务收入的个人，其购买商业养老保险的税前减除按当月薪资、连续性收入的6%和1000元二者中低者确定。第二，商业保险公司产品开发以"收益平稳、长期锁定、精算平衡、终身领取"为原则，帮助参保人有效抵御投资风险。商业保险能够为不同年龄段人员提供更多选择，建议年轻人选择风险高的产品，建议年龄偏大的人购买收益固定产品。第三，多层次养老保险体系还体现在资本市场的发展和完善上。2018 年我国建立了养老目标基金，包括：目标日期策略基金，有 9 只产品；目标风险策略基金，有 5 只产品。养老目标基金的建立一方面丰富了居民养老的投资选择，另一方面促进了基金行业的发展。个人商业养老保险的发展尚在探索中。

第一支柱更多的是体现社会公平，满足退休职工退休后的基本生活，而第二、第三支柱的发展主要体现效率原则。在我国第二支柱发展不足、第三支柱基本缺失的状态下，养老保险制度的效率堪忧。由于我国第一支柱基本养老保险一层独大，加上现收现付制的制度弊端，养老保险制度的缴费、工作激励效应不尽如人意，国家的直接养老责任持续加大，养老金的刚性支出严重约束了社会保险制度改革的空间和手段。

7.2　多层次养老保险体系建立的困境

根据世界银行的建议，我国提出建立多支柱、多层次养老保险体系的改革总方向。1997 年我国的基本养老保险制度由"现收现付制"调整为"统账结合"的制度模式。"统账结合"改革造成了个人账户"空账"、转轨隐形债务责任主体模糊的问题，个人账户与企业年金账户分离与国际惯例也不相符合。在经济下行压力下，企业无力建立企业年金，职工参保因缺乏激励而积极性不高。多层次养老保险体系建设陷入停滞阶段。

7.2.1　基本养老保险缴费是企业沉重的成本

与世界上其他国家相比，我国的社会保险费率居于世界前列。2015 年以前，企业社会保险缴费率总和超过 41%。2015 年社会保险缴费率降低或阶段性降低以来，我国社会保险总缴费率降到 37.25%。其中，养老保险的法定缴费率由 20% 降到 19%，降幅较小。其于 2019 年 5 月 1 日起降为 16%，企业的缴费率大幅下降，但仍高于欧美发达国家。美国的养老保险企业的缴费率只有 6.2%，德国为 9.3%，英国为 13.8%（见表 7-4），我国的社会保险的高缴费率与社会保障制度完善的西方发达国家形成鲜明的对比。社会保险缴费成为企业的一项沉重的制度成本。过高的基本养老保险缴费率使得企业尤其是中小企业、民营企业基本没有能力进一步为职工建立企业年金。对于民企职工而言，由于总体上收入较低，也更希望增加当期收入而不是推迟消费。企业和职工双方都缺乏能力与愿望建立企业年金。因此，降低基本社会养老保险缴费率，才能为企业年金的发展"腾挪"空间，是大力发展企业年金的前提条件。然而，需要考虑的另一个问题是，社会统筹账户养老保险缴费率下降必然带来基础养老金的下降，而且，随着人口老龄化的发展，基础养老金的下降是一个长期趋势，老年贫困问题应加以防范。

表7-4　　　　　OECD 发达国家和新兴经济体基本养老保险缴费率　　单位：%

国家	企业缴费率	个人缴费率	缴费率合计
芬兰	17.5	6.35/7.85[a]	23.85/25.35
德国	9.3	9.3	18.6
意大利	23.81	9.19	33
希腊	13.33	6.67	20
爱尔兰	8.6/10.85[b]	4.0	12.6/14.85
英国	13.8	12	25.8
美国	6.2	6.2	12.4
加拿大	4.95	4.95	9.9
澳大利亚	9.5	0	9.5
日本	8.914	8.914	17.828
俄罗斯	22	0	22
巴西	20	11	31
中国	20	8	28

注：a 芬兰基本养老保险个人缴费率：年龄小于53周岁个人缴费为每月收入的6.35%，年满53周岁或以上个人缴费率为7.85%。
b 爱尔兰基本养老保险单位缴费率：每周收入为376欧元以下的员工，单位缴费为工资总额的8.6%；每周收入超过376欧元的员工，单位缴费为工资总额的10.85%。
资料来源：根据国际社会保障学会社会保障国家数据（https://ww1.issa.int/country-profiles/about）整理所得。日本、加拿大、澳大利亚的缴费数据是2016年数据，其他国家的数据为2018年缴费数据。

对于这一问题，我们应客观分析。首先，中国的城镇职工基本养老保险待遇偏高是一个不争的事实。虽然我国养老金替代率近十几年来呈现下降趋势，但是就养老保险没有将第一支柱定位于保障退休后老年人的"基本"生活而是"体面"生活而言，我们认为我国基本养老保险无论是从替代率水平还是从平均水平来说，城镇职工的养老保险水平并不低。其次，我国退休人员的养老金待遇资格条件是慷慨的。人口老龄化发展不可逆转是一个全球化趋势，面对人口老龄化，几乎没有一个国家像中国一样拥有如此慷慨的养老金待遇资格条件①：缴费满 15 年、达到退休年龄即可领取全额养老金，即男性 60 岁，女干部 55 岁，女职工 50 岁，特殊工种还可提前 5 岁领取养老金，而我国 2017 年人口预期寿命已经达到 76.7 岁。在我国"统账结合"的养老保险制度下，个人账户养老金根据余命岁数按月领取，但是根据《社会保险法》的规定，参加基本养老保险的个人死亡的，其个人账户余额可以继承；而另一方面，如果养老保险个人账户领完，退休人员仍然健在，其退休金并不会减少，个人账户养老金将从养老金基金中支取，长寿风险由政府承担。再次，按照养老保险责任与受益对称的原则，我国养老金的调整基本没有考虑人口结构老龄化这一参数及基金可持续因素，基本养老金待遇偏高。我国女性职工的退休年龄仅为 50 岁，从而形成了世界闻名的"中国广场舞大妈"现象。事实上，中国大妈炒黄金、全球购买力强劲说明老年人收入与财富积累水平并不低。一位著名的社会学家曾提出，中国的广场舞大妈生活幸福，为什么要延迟退休让她们继续工作呢？享乐和追求安适是人的天性，政府应向公民更多地传递养老保险金的领取以责任和贡献为条件、多缴费多工作才能保障退休后收入和生活保持在满意水平的观念。而且要适时传递政府养老责任在人口老龄化社会转向保障退休基本生活的信号，加强对公众的老龄化教育，激励职工多工作、多缴费、多积累，为自己未来的养老早日谋划，个人承担养老保险的更多责任，并择机实现制度由现收现付制向部分基金积累制的真正转轨：即降低基础养老保险保险金替代率并实施现收现付制，将个人账户从基本养老保险制度结构中移出与企业年金合并，调整企业年金制度，由自愿参与调整为"准自愿"强制性企业年金制度，实行完全基金积累制，养老金待遇取决于缴费与基金投资收益率。否则，现行养老保险制度造成的代际不公平，将令工作的一代对自己未来的养老金来源与保障感到迷茫，对养老保险制度失去信心。今天，工作一代的艰辛工作换来广场舞大妈的幸福和安逸，明天，今天工作的一代的退休收益水平随着人口预期寿命的延长必然下降，如果养老金基金耗尽，未来目前年轻的一代可能老无所养，因此代际平衡是基本养老保险制度设计必须考虑的因素。老龄化的责任应该由各年龄段人群共同承担。最后，中国养老金水平还存在群体间差距过大的问题。事业单位的养老金水平远高于企业单位。在 2014 年企业与事业单

---

　　① 希腊曾经以退休年龄低、养老金待遇丰厚在欧债危机爆发后饱受诟病。希腊在接受欧盟债务重整条件后延迟了退休年龄，降低了养老金待遇。

位养老金实现并轨后，事业单位养老金每年与企业单位同步进行调整，由于事业单位养老金水平普遍高于企业单位，在按比例提高养老金水平过程中，事业单位与企业单位养老金水平差距进一步加大。我国养老金不公的另一个表现是在职职工收入与退休人员养老金收入倒挂现象普遍。"啃老"是这一现象的现实写照。事业单位养老保险制度并轨同时建立的企业年金制度进一步将我国社会阶层分为退休后拥有企业年金的"富裕阶层"和仅有基本养老金的"普通阶层"。养老保险制度应缩小老年群体间的收入差距，将更多的财政资金投向老年低收入群体，以减少老年贫困为政策目标。

纵观世界各国，在人口老龄化不断发展的背景下：日本成为不退休国家；美国老年人的劳动参与率不断提高，平均领取退休金的年龄呈现升高趋势；许多俄罗斯、韩国的老年人仍然活跃在劳动力市场。工作分包、非全日制工作、老龄服务产业等非正规就业是老年劳动者就业的重要形式。反观中国，有的企业职工通过篡改身份信息、开具从事特殊工种证明等手段达到提前退休的目的，究其根源，慷慨的养老金待遇与现收现付的制度使得达到取得养老金资格的年龄立刻办理退休离开劳动力市场成为理性选择。因此，降低缴费率、适当下调养老金替代率是我国养老保险制度公平可持续发展的改革必选项，统筹的基本养老金应定位于维持老年人的基本生活保障。只有降低社会保险尤其是基本养老保险的缴费率，才能激发企业的活力。在创新驱动发展战略下，企业才有可能和积极性为职工建立企业年金。此外，降低缴费会导致基础养老金支付困难，通过国有资本划拨可以在一定程度上弥补基金支出的需求，而且在长期来看，随着企业盈利能力增强、职工收入水平的提高，基金缴费收入将随之增长。降低基本养老金的替代率还能在一定程度上激励老年劳动者的积极性。

7.2.2　税收优惠政策尚需扩大和完善

养老金的运营包括社会保障缴费、养老金基金的投资运营、养老金待遇的领取三个环节。为鼓励企业年金的发展，大多数国家采用的主要政策手段是税收优惠，其根据缴费、运营过程中取得的投资收益、领取养老金三个环节进行免税设计，形成了不同的税收优惠模式。我国企业年金税收优惠采用 EET 模式，即：缴费与运营投资收益免税（exempt），领取养老金环节缴纳个人所得税（tax）。由于退休后个人收入减少，因此，领取养老金纳税事实上既延迟了纳税期限，也降低了纳税人负担。但是我国企业年金发展的税收优惠政策尚不完善。自 2004年我国建立企业年金以来，企业年金税收优惠政策主要依照《关于补充养老保险费补充医疗保险费有关企业所得税政策问题的通知》《关于企业年金个人所得税征收管理有关问题的通知》《关于企业年金个人所得税有关问题补充规定的公告》《财政部　人力资源社会保障部　国家税务总局关于企业年金　职业年金个人所得税有关问题的通知》① 4 个文件。

首先，政策的层次偏低，基本上是以"办法""通知"的形式发布。其次，政策的执行因理解不同而在地区间存在差异。比如《财政部　人力资源社会保障部　国家税务总局关于企业年金　职业年金个人所得税有关问题的通知》规定：个人根据国家有关政策规定缴付的年金个人缴费部分，在不超过本人缴费工资计税基数的 4% 标准内的部分，暂从个人当期应交的个人所得税中扣除。但是个人缴费工资超过上年当地社会平均工资 300% 的部分不计入扣除限额，各地在执行时，是按照上年度本地社平工资的 300% 乘 4% 计算企业年金缴费扣除上限，还是按照上年社平工资乘以实际建立企业年金比率②，政策实施细则没有发布。最后，税收优惠的模式仍有待明确和进一步探索。我国企业年金制度缺乏政府指导并具有显著特征。《财政部　人力资源社会保障部　国家税务总局关于企业年金　职业年金个人所得税有关问题的通知》标志着我国初步形成了企业年金税收优惠的 EET 模式，但是激励企业年金发展的效果并不尽如人意。2013～2017 年，我国企业年金规模从 6036 亿元上升到 1.2 万亿元，参加企业年金的企业户数从 6.61 万户增加到 8.04 万户，企业年金养老金资产比重从 1.01% 增加到 1.57%。其中，值得重视的是，税收优惠政策力度不够、模式不清。第一，企业缴纳部分，不超过职工工资总额 5% 的部分准予扣除，个人按照本人缴费工资 4% 部分准予扣除，政策力度有待进一步加大。事实上，由于基本养老保险一层独大，即使对税收优惠政策的力度进行加码，企业尤其是中小民营企业也无力为职工缴费建立企业年金，在经济下行压力较大的情况下，职工也更偏好增加当期收入而不是未来养老金收入。第二，为适应养老保障的多样化需求，企业年金税收优惠应基于不同收入水平、不同养老保障要求提供多重税收优惠模式。美国是企业年金与私人账户养老金制度比较发达的国家，其丰富灵活的 401K、403K、437K、罗斯 401K 及罗斯个人退休账户（Roth Individual Retirement Account，Roth IRA）计划为职工提供了灵活、多样化的补充养老金计划选择，政府的养老保险责任限定在了有效的范围，退休者的养老生活主要来自补充养老金提供的保障。高水平的

---

① 本文件 2014 年 1 月 1 日起执行。《关于企业年金个人所得税征收管理有关问题的通知》《关于企业年金个人所得税有关问题补充规定的公告》同时废止。

② 郑秉文：《中国养老金发展报告 2016》，经济管理出版社 2016 年版。

老年生活靠个人多工作、多自我储蓄来保障成为美国社会深入人心的观念。也正因为如此，美国劳动力市场中老年人比重不断增加，为了老有所养，他们选择推迟领取退休金的年龄，美国老年劳动者的参与率近些年呈现上升趋势①。此外，我国企业年金的受益模式以受益确定制为主，人口老龄化、经济增长风险由企业和政府承担。在老龄化背景下，政府应设计激励职工个人多缴费并承担社会保障责任的企业年金税收激励模式。

我国在 2018 年发布了《关于发展个人税收递延型商业养老金试点的通知》，标志着我国三层次养老保险模式初步形成，但是制度的推广、参加保险的积极性仍是巨大的挑战。要通过政策扶持，重构养老保险中的政府责任，增加间接责任，减少直接责任，使政府由直接责任人转变为间接责任人，规范、引导和支持第二、第三支柱的发展。

7.2.3　社保基金投资运营仍是短板

多层次养老保险体系的建立对基金的管理能力、投资运营能力以及资本市场发展水平提出要求。企（职）业年金积累的年金基金投资与资本市场良性互动是摆在我们面前的重要课题。我国的资本市场发展不成熟，投资渠道有限，基金投资人偏向提供投资风险与收益较低的投资组合，投资收益率较低。然而，不能否认的是，养老金基金一旦进入资本市场，将为资本市场提供稳定的资金来源，机构投资者的增加也将对规范资本市场发展、监督上市公司主体行为发挥重要作用。

7.3　OECD 国家养老保险制度改革的主要做法与借鉴

20 世纪 80 年代以来，国际经济社会发展呈现两大基本特征：人口老龄化和经济增速放缓。这两大特征对养老保险制度财务可持续发展提出挑战。人口老龄化背景下养老保险制度可持续发展一直是世界人口老龄化国家不断追求的目标。目前世界上多数老龄化程度较严重的国家都是发达国家，但随着经济社会发展水

---

① 这与美国 1983 年里根政府时期修订《社会保险法案》，待遇模式由受益确定制转向待遇确定制，个人未来养老金不确定性和风险由个人承担并对提前领取养老金给予更大程度的减少养老金"惩罚"等制度改革有关。

平的提高、人口出生率的下降和人口预期寿命的延长，许多发展中国家也先后步入了老龄化国家行列。为应对人口老龄化冲击，20 世纪 80 年代中期尤其是 90 年代以来，几乎世界上所有发达国家和发展中国家都对养老保险制度进行了改革，改革的调整方向包括削减福利标准、提高养老金领取资格条件、改革养老金待遇调整机制、强调个人责任与推迟领取退休金年龄。这些政策经过几十年的实践，在今天来说，取得了不错的成效。

7.3.1　OECD 国家应对人口老龄化的养老保险制度改革

OECD 国家间养老保险制度因历史、理念、经济社会发展水平差异而迥异。但是当前的养老保险制度几乎面临同样显著的挑战：如何在保持养老保险制度可持续发展的前提下，提供给退休人员充足的养老金收入。这两者间的矛盾不是新问题，但是经济危机对公共财政缺口的影响使得财政巩固变得紧迫。尤其是在欧洲大陆国家，现收现付制下的财务可持续问题备受关注。

经济危机加速了养老保险改革的步伐，危中求机，改革往往都是由危机推动的，经济状况好、养老基金收入缺口不大时改革动力不足，阻力更大。但是当经济增速放缓甚至停滞时，失业率上升、收入增长停滞，使得养老保险收入出现"断崖式"下滑，潜在的收支矛盾提前暴露，成为改革的重要契机。而养老保险制度改革反过来又影响财政，满足和实现财政稳定性的需求。要让养老保险与经济发展间实现良性互动，其对政策制定者的智慧是一种考验。

1. 控制缴费率，建立完善多层次养老保险体系框架

20 世纪 90 年代以来，OECD 国家的基本养老保险缴费率几乎没有提高，其中主要原因是提高缴费率对企业劳动雇佣产生消极影响。事实上，西方国家对就业影响的考虑优先于老龄化背景下对筹资的考虑。而且，在全球化背景下，缴费率高低也影响本国经济的国际竞争力。从宏观上来看，数据可得的 23 个 OECD 国家中，养老保险缴费平均占国民收入的 5.2%，占政府税收收入的 15.8%。养老保险缴费占 GDP 的比重，希腊、西班牙最高，达 9.2%；芬兰、意大利次之，为 9%；加拿大则因缴费率与缴费上限较低①，缴费占 GDP 的比重仅为 2.6%；欧洲福利国家德国为 6.9%。微观上，OECD 34 个国家企业平均缴费率为 11.2%，个人平均缴费率 8.4%。其中，德国、美国、瑞典、日本、智利 2012 年

---

① 加拿大企业缴费率仅为 OECD 国家平均值的一半，其缴费上限为平均工资。

公共养老金①企业与职工的缴费率之和分别是 19.8%、10.4%、18.4%、16.8%，智利为29.8%②。发达国家基本上将企业和职工缴费控制在20%以内，除瑞典外，其他国家职工和企业各负担一半，瑞典则是企业负担较高比重，为11.4%。近些年，为减轻单位和当前工作一代的缴费负担，增强个人对养老保险制度的信心，各国一直致力于维持养老保险缴费水平不变，力求缴费率不超过企业承受的极限。1999～2012 年，澳大利亚、瑞士、荷兰、法国、韩国、西班牙养老金缴费率保持不变，而日本、美国、瑞典的缴费率还略有下降，随后又有所上升。2014 年日本的缴费率为17.5%，2016 年为 17.828%；美国2014 年后缴费率重新回到12.4%。日本和美国雇主、雇员缴费各占 50%。瑞典的缴费率则一直为18.4%，其中雇主缴费为 11.4%，雇员缴费为 7.0%。即使作为欧洲大陆福利国家代表的德国，其缴费率也仅从19.2%上升到 2012 年的 19.6%，但随后掉头向下，在 2014 年降到 18.9%，2016 年为 18.7%，雇主、雇员各负担缴费的50%。提高企业缴费率的最终成本将转嫁给员工，企业会以降低工资和减少雇佣的方式应对缴费率的上升，个别国家根据年龄段确定不同缴费率，随着年龄提高而提高个人缴费率③。挪威、英国、丹麦、新西兰公共养老金筹资来源则是一般税收。

另外，20 世纪八九十年代以来的养老保险制度改革，基本上形成了多层次的养老保险体系。OECD 国家强制性养老保险基本分为两个层次：再分配和储蓄部分④。再分配层次目标定位于防止老年贫困，基本类型包括：（1）以家计调查为基础的靶向计划。以美国为代表的 12 个 OECD 国家实施该计划，该计划遵循"选择性"原则，保障对象为一般工薪收入阶层，养老金待遇强调与收入和缴费多少挂钩，保障水平适中。（2）基础养老金计划。养老金收入与工作期收入无关，统一养老金金额或者依据工作年限确定，有 13 个 OECD 国家实施了该计划。（3）最低养老金计划，不受个人储蓄影响，覆盖全民，遵循"普惠制"原则，待遇与缴费无关，保障水平较低，退休后要维持退休前较高的生活水平，需要加入其他养老保险计划，18 个 OECD 国家执行该计划。近些年来，OECD 国家养老

---

① 即中国的基本养老金。

② 智利以个人缴费为主，其缴费率为28.8%，单位缴费率仅为1%。但是 2016 年，智利私营养老金缴费比例大幅下降，个人缴费率为 11.23%，单位缴费率为 1.15%。

③ 比如芬兰，芬兰基本养老保险个人缴费率：年龄小于 53 周岁，个人缴费率为每月收入的 6.35%，年满 53 周岁或以上，个人缴费率为 7.85%。

④ OECD 国家强制养老金计划再分配部分相当于我国基本养老保险中的基础养老金部分，储蓄部分相当于个人账户部分。

金水平虽总体呈现下降趋势，但是养老保险"保底线"层次在防止老年贫困方面发挥了重要作用。第二层次为储蓄部分，该层次养老金的目的是保持与退休前相当的生活水平，可以采取现收现付制公共养老金形式（18 个 OECD 国家），也可以是私有化的（冰岛、荷兰、瑞士），也包括积点计划（法国、德国、爱沙尼亚和斯洛伐克）。一些国家根据工作年限和收入确定补充养老金水平，利用基金积累制补充养老金，其中 10 个 OECD 国家为强制性，丹麦、瑞典为半强制性，意大利、挪威、波兰则是名义账户制（NDC）。有些国家设有自愿养老保险作为第三层次的养老保险，由个人或者雇主提供。

2. 重视企业年金及私人养老金计划

俄罗斯将本国养老金制度安排部分私有化。智利养老保险制度则早在 1981 年开始实施了完全私有化。许多国家在公共养老金之外建立私人养老金计划，引入或者扩大强制企业年金，如以色列和韩国；半强制自动加入的自愿企业年金计划如英国。美国养老保险制度被称为三条腿的板凳，其第二支柱（企业年金）和第三支柱（个人储蓄养老计划）在保障老年人退休后生活水平方面发挥主导作用。一些国家鼓励低成本、管理较好的养老金组织瞄准低收入家庭的需要。英国建立了国家雇员储蓄信托计划，政府希望这一新系统能够解决中低收入家庭的退休收入问题。一些公共养老金计划规模较小的国家（如爱尔兰）意识到纯粹自愿的养老金不能带来高覆盖和足够的缴费，考虑通过半强制的方式发展私人养老金，如自动加入私人养老金，或强制加入私人养老金。另一些国家（如丹麦、新西兰），尽管 2008 年爆发经济危机，其私人养老计划的投资回报率仍然是正的。发展私人养老金计划，一方面是基于老龄化背景将养老保险所面临的风险在政府、企业、个人之间更均衡的分摊，处理好政府与企业和个人的关系；另一方面，则旨在降低年轻一代的负担，维护代际公平。在人口老龄化背景下，现收现付制基本养老金无助于化解养老金危机。

3. 从注重公平转向关注效率，强化养老保险激励机制

传统养老保险制度建立于人口年龄年轻或者经济发展速度较快的时期，权利和责任的相关度不高，过多强调获取保障的权利，弱化了民众应尽的义务和缴费责任，出现了"福利病"现象。经过改革，各国养老制度以"保基本"为原则，加强养老保险受益与缴费挂钩。在公平与效率的关系上，坚持"责任是权利的前提"的原则，自 20 世纪八九十年代开始，制度改革更多向效率倾斜，在扩大养老覆盖面、提高缴费积极性等方面效果显著。为强化激励机制，

大部分实行现收现付制的国家都扩大了个人账户的作用，使个人养老金待遇完全与个人账户积累挂钩，激励个人缴费积极性。一些国家对个人账户进行了全面积累，并折算为指数化工资，作为计算养老金待遇的基础，激励多缴多得，提高养老金待遇与缴费关联度。还有一些国家在适当降低养老金水平的同时，通过税收优惠和财政补贴等措施建立了积累制养老金制度，弥补了基本养老保险养老金的下降。

4. 改革养老金计发调整机制，避免老年贫困

多数 OECD 国家进行了养老金指数化机制改革，以降低养老金支付。一些养老金指数化规则因克服财政问题而受到欢迎。捷克、希腊、挪威不再随工资增长进行指数化调整。奥地利、希腊、葡萄牙等国干脆冻结了除低收入者外的养老金调整。2010 年德国修改其养老金水平提高计划以降低财政压力，并且推迟了 2009 年开始降低缴费的计划。澳大利亚、芬兰、美国养老金指数调整目标在于抵消养老金收入水平的下降，根据通货膨胀指数为参考，以保持养老金领取者的购买力。

在养老金计发方面，多数国家的养老金由原来的根据退休前工资确定调整为根据 15 ~ 20 年最高收入平均值甚至整个工作期平均收入确定。芬兰、挪威将年轻劳动者的未来退休金收入与预期寿命挂钩，并根据缴费历史而不是收入最高 20 年确定养老金收益。

通过替代率改革调节老年人的收入分配是 OECD 国家过去 20 年所采用的改革措施。过去 20 年的养老保险制度改革降低了对今天进入劳动力市场的雇员的退休金承诺，工作更长能够弥补部分养老金减少，但是每年缴费在未来获得的养老金比改革前更少。未来不同收入阶层的养老金收入都将减少，养老金替代率下降成为趋势，个人责任增加、政府责任减少也是人口老龄化背景下养老金制度和责任变化的趋势。澳大利亚和日本对所有收入阶层同等对待地降低了替代率，但大多数国家更偏重保护最低收入者。芬兰、意大利等国也统一降低了替代率，但是低收入者养老保险替代率下降幅度较小。养老金调整机制的改革和个人账户积累制养老金比重的提高无疑可能加大退休者间的收入不平等。为保障养老金的充足性，希腊、英、美等国 2009 年一次性支付养老金，以缓解经济危机造成的困苦，奥地利也对低收入养老金领取者进行了临时性转移支付，但同时作为财政巩固计划的一部分，其月养老金的累进削减 5% ~ 19% 不等，对高养老金收入者征税，以提高系统的再分配能力。

除替代率外，养老金财富更能衡量养老金水平的变化。所谓养老金财富，是

指职工退休后领取的养老金总额（非贴现）。退休收入总额考虑了收入的指数化调整、退休后的预期寿命变化，从而能够更加精确地刻画养老保险制度改革的影响。因此，一些 OECD 国家引入养老金基金收支平衡机制，引入长寿因子和可持续因子①，基于法定的、公式化的调整规则，让经济增长风险和人口结构变化风险由全社会各年龄段成员共同承担，并形成风险在不同年龄段的均衡分担机制。自动调整机制还能消除行政性调整方式所带来的政治压力，更容易被大众所接受。

5. 延迟退休年龄，提高领取全额养老金资格条件

退休年龄是影响养老保险制度参数赡养率的因素之一，然而，由于其政治敏感性最强，因此，对于涉及民众切身利益的退休年龄改革，各国皆是小心翼翼。

即便如此，为了维持养老保险基金的支付能力，许多国家将改革目标定位于延长工作年限。这样，一方面能够积累更高的养老金权益以提高退休收入，另一方面能够维持财务可持续发展。过去 10 年，大多数 OECD 国家立法提高了退休年龄或者获取全额养老金的缴费要求，许多国家将退休年龄由 65 岁推迟到 67 岁或更高。挪威和冰岛的退休年龄在 2003 年已经提高到 67 岁。澳大利亚妇女退休年龄在 2013 年 7 月提高到了 65 岁，并且其计划到 2023 年，将男女退休年龄统一提高到 67 岁。意大利 2011 年推迟了女性领取退休金的年龄，计划到 2021 年男女退休年龄统一提高到 67 岁。意大利、韩国计划未来退休年龄与预期寿命挂钩，但至少最早在 2020 年才会开始。这些例子揭示了不同国家的共同趋势——男女退休年龄趋于一致，退休年龄渐进延迟到 67 岁或更高。

此外，一些国家规定领取退休金的年龄还与缴费年限挂钩，如法国规定职工可以在 62 岁退休领取全额养老金，但前提条件是缴费至少达到 42 年。一些国家通过财务激励鼓励职工继续工作。澳大利亚为老年劳动者发放额外津贴。法国提高了推迟领取退休金的领取者的养老金。瑞典提高了工薪收入的税收扣除额，以激励企业雇佣老年劳动者并激励 65 岁以上老年人继续工作，雇主为 66 岁以上雇员缴费可以适当降低缴费率。

然而，更多国家对早于法定退休年龄退休的人进行养老金受益惩罚，大幅削减提前退休者的养老金。德国在 1992 年进行改革，提高了早退成本，提前退休者每月退休金减少了 0.3%②。美国早在 1983 年的社会保障险改革时就明确：62

---

① 德国应对老龄化的养老金待遇计发机制引入了长寿因子和可持续因子。
② 郑秉文：《OECD 国家社会保障制度改革及其比较》，载于《经济社会体制比较》2004 年第 5 期。

岁领取养老金，每年减少养老金金额 6.67%，65 岁领取全额养老金，每延迟 1 年领取，增加 3%。有些国家甚至不再有法定退休年龄规定，仅对领取养老金及全额养老金的资格年龄做出规定。

随着人口老龄化的加速和深化，进一步的养老保险制度改革不可避免，但是养老保险制度改革在技术上和政治上都是复杂的难题，将持续考验各国执政者的勇气和智慧。总体上，OECD 国家养老保险制度改革呈现出如下特点和倾向：延迟退休、降低替代率以减少福利成本、减少政府责任、养老基金自平衡、避免老年贫困。

7.3.2 借鉴与启示

1. 延迟领取全额退休金年龄，推行弹性退休制度

延迟退休年龄涉及人们的"权利预期"，需未雨绸缪。我国退休年龄偏低的现实已经危及老龄化快速发展、经济发展进入新常态背景下的养老基金可持续发展，延迟退休年龄已迫在眉睫。根据其他国家延迟退休年龄的经验，延迟退休方案公布与实施之间需要一个民众心理适应期，而且延迟退休年龄不能一步到位，要小步徐趋，可能需要 10 年甚至 20 年或者更长的时间才能改革到位。因此，延迟退休方案推出宜早不宜迟。

2. 完善个人账户，提高个人养老保险责任分担

个人账户的积累和投资收益是影响参保者缴费信心和对制度的信心的重要因素。众所周知，给付确定型现收现付制无力应对人口老龄化的挑战，转向缴费确定的部分基金积累制能否对解决养老保险可持续问题发挥一定的作用有待验证。学术界将从给付确定型现收现付制向缴费确定型积累制的过渡和转型称为"私有化"，OECD 国家称其为"再商品化"。OECD 国家的养老保险制度改革实践证明：老龄化社会，任何一个政府都必然将一些养老社会责任退还给个人，如美国通过弱化联邦政府在社会福利体制中的主导作用，提高社会福利机构的私有化程度，将联邦政府的职能逐渐从直接责任者向监督者转变，以实现养老保险体制转变。政府养老保险责任定位变化是人口老龄化使然，是养老保险制度可持续发展的要求，否则，政府财政负担与财政风险加大，对本国经济的健康发展和竞争力也会造成冲击。

3. 养老保险模式选择问题

随着经济社会的发展，养老保险的覆盖面不断扩大，养老金水平不断提高，但是要正确对待政府、单位和个人之间的关系和责任问题。北欧的普惠式福利国家模式在中国的可行性不大，智利等拉美国家的完全私有化模式带来的贫富差距扩大和老年贫困问题值得我们警惕，而英美式的国家补救模式对于中国来说更具可行性：一方面转移政府财政压力，企业缴费率控制在企业可承受范围内；另一方面，中高收入者养老收入更多依赖个人账户积累或者完全市场化的商业保险，低收入者将受到政府的保护，保障其基本生活水平。

美国的政府提供的养老金只为退休人员提供基本生活保障，一般只占退休收入的40%左右，更多老年人通过保险和个人理财的方式支付剩余的养老费用。为了晚年生活更有质量，美国老年人在退休前就开始规划各种理财方案。美国联邦政府的401K退休计划①规定雇员和雇主共同缴费建立退休账户，员工自选金融理财产品进行长期投资，到退休后员工即可分期领取账户养老金。

今后我国还需探索适合国情的养老保险制度。一是根据不同人群特征制定有针对性的保障政策，对弱势老年群体予以救助，更大力度地促进居家和成熟社区养老模式的蓬勃发展，让老年人老有所养。二是规范预算管理体系，建立严格的监督机制。要建立多方位、多层次的监督管理机制，完善行政和司法监督职能，对预算管理工作进行标准化评估，建立信息披露机制，确保国家政策顺利落地实施。

---

① 美国企业年金和个人储蓄型养老保险计划还包括403K、437K、IRA、罗斯401K等多重选择。补充养老保险的健康发展为美国公众提供了更高质量的老年生活水平。

第8章

研究结论与政策建议

8.1　研究结论

本书的研究结论包括以下七个方面：

第一，延迟退休年龄能够对养老保险制度的财务可持续性发挥一定的化解作用，在一定程度上减轻财政负担，增强财政的可持续性，但是延迟退休年龄不是公平、可持续养老保险制度建设的灵丹妙药。在经济新常态与人口"红利"消失的双重约束下，重构养老保险责任分担机制、提高养老保险基金保值增值能力、降低养老金待遇、提高统筹层次等综合性改革是养老保险制度可持续发展的保证。

第二，利用国泰安 CSMAR 数据库和锐思数据库中我国沪深 A 股主板制造业上市公司 2007～2014 年的财务数据，借助企业价值方程、企业新增投资方程和企业实际社保缴费率方程构建的联立方程模型，采用三阶段最小二乘法（3SLS）进行回归分析，研究了社保缴费率对企业价值的影响及其影响路径。实证研究发现，对于我国制造业上市公司而言，社保缴费率的降低激励企业投资支出的增加，进而对企业的市场价值产生积极影响。进一步研究表明，社保缴费率对民营企业和高缴费率地区企业的市场价值影响程度分别高于国有企业和低缴费率地区企业。降低缴费率同时延迟退休年龄是保持养老金收支平衡的政策趋势。

第三，利用 CHRALS 微观调查数据，分性别识别了中国城镇职工退休对其健康的影响及作用机制。研究发现，退休显著提高了男性的自评健康水平，显著降低了女性慢性病的患病概率，但是对男性、女性其他健康指标的影响不显著。退休后社交概率显著增加是男性健康水平提高的原因，但不是女性退休后健康水平变化的原因。

第四，验证了工作搜寻理论在中国的有效性：即失业率与劳动年龄人口存在显著的负相关关系。延迟退休年龄会使劳动年龄人口增加，同时降低老年抚养比，最终导致失业率下降。由于未来中国人口发展的特点决定了失业率的上升趋势，进一步模拟分析发现延迟退休能够降低中国失业率水平，延迟退休年龄的时机选择会对失业率造成不同影响，因此审慎地选择延迟退休开始的时机对稳定就业具有重要意义。

第五，要加大税收优惠与财政扶持力度，鼓励企业年金和个人储蓄型养老保险发展。应对人口老龄化危机与经济增速放缓的双重压力，个人的养老保险的直接责任应予以强化，政府的养老保险直接责任应予以减少并逐渐转向间接监督和管理责任为主。重构养老保险个人、社会、政府的责任，工作一代与退休一代公平共担人口老龄化带来的养老金支付风险。

第六，改革企业年金制度为强制型完全积累的补充养老保险制度。做大企业年金、管好个人账户养老金、激励就业与改善福祉并重是我国未来养老金制度顶层设计的基本目标。

第七，借鉴德国经验，增加人口因子和可持续因子，以保持退休人员的购买力为原则，根据通货膨胀率调整养老金待遇，提高领取全额养老金的资格年限，重点保障低收入老年人口的老年生活保障，即将基本养老保险制度定位于基本生活保障与反贫困。

8.2　政　策　选　择

延迟退休年龄是我国养老保险制度改革的必然选择，然而，通过前文分析我们发现，延迟退休年龄并不能完全消除养老保险制度的财政支付压力和财政风险，而且延迟退休年龄政策的推出应考虑退休对健康和劳动力市场的影响。完善多层次养老保险顶层设计，改革个人账户与部分积累制，提高养老基金保值增值能力，重新界定政府、企业和个人的养老保险责任等综合改革是实现我国养老保险制度可持续发展的必由之路。

8.2.1 完善多层次养老保险体系与养老保险制度顶层设计

近些年来，OECD 国家为应对人口老龄化，无一例外地建立起了适应本国国情的养老保险多层次体系。

目前，我国的养老保险基本上是基本社会养老保险一层独大。社会养老保险的公共性是外生的，由于不具有纯公共产品"平均成本递减"的特性，其只能是私有性公共品，在个人自利动机的驱动下，必然导致过度消费产生"公地悲剧"。因此，基本养老保险只能提供低水平、广覆盖的养老保障，政府提供养老保险应致力于减少老年贫困和保障老年人的基本生活，且随着老龄化的发展，政府的责任应不仅在于为居民提供最低生活保障或最低生活水平的养老保险金，更在于打造养老保险公共品的提供机制。前述德国、英国、美国、澳大利亚、瑞典等国在基本养老金的基础上建立了职业养老金及个人养老金计划，养老保险以纯公共品、半公共品和非公共品的方式提供。这些国家的政府与市场的关系明晰，政府承担养老保险监管责任。其基础养老金现收现付，企业年金属于个人账户进行市场化投资，而且企业年金越来越成为多数劳动者弥补基本养老金保障不足的补充养老收入。立足我国基本国情，各级政府要推进完善企业职工养老保险制度。首先，要厘清政府与市场的社会保障边界，以满足人民群众基本需求为目标，根据经济社会发展的基本情况以及个人、企业和财政等方面的承受能力，适度均衡各社会主体之间的责任分担。市场机制能够提供的保障职能，政府不要越位；该由个人和单位承担的社会保障责任，政府不要大包大揽，防止责任过度向政府集中。其次，要建立健全多层次养老保险体系，在积极稳妥推进职工基础养老金全国统筹、增强调剂基金余缺能力的基础上，改变第一支柱基本养老保险独大的格局，支持鼓励第二支柱企业年金和第三支柱个人养老储蓄发展壮大。即一方面按照"全覆盖"的要求提高职工参保缴费率，扫除参保的"盲点"和"死角"；适时适当降低企业社会统筹缴费率，为发展企业年金腾挪空间。另一方面完善企业年金个人所得税递延纳税政策，通过企业年金缴费、投资收益、领取环节免税激励企业年金支柱的发展；满足个人养老多样化需求，鼓励个人购买商业性养老保险或个人养老储蓄，政府给予个人养老储蓄以一定的税收优惠。通过税收政策优惠，补齐企业年金和个人储蓄养老保险的"短板"。要调整养老保险结构与责任分担机制。随着人口老龄化与经济增速放缓，逐步削减政府的责任与负担，增加个人责任。

老龄化社会，基本养老保险应回归保障退休后基本生活的本质。未来城镇职工、城乡居民应享有相同水平的基本养老保障，实现养老保险促进公平的再分配功能，而实现退休后保持与退休前基本相当的生活水平则依靠企（职）业年金及个人储蓄养老保险，从而实现公平与效率的统一。总之，多层次养老保险体系的制度设计能够充分发挥政府、企业、个人的作用，有利于合理均衡各社会主体之间的责任，有利于基本养老保险制度更加公平、更可持续。

8.2.2　完善个人账户与部分积累制，强化缴费激励机制

首先，基于我国资本市场不发达、基本养老保险个人账户做实存在较大贬值风险的现实，实行名义账户制（NDC）是现实的选择。所谓名义账户制是指筹资采取现收现付制，养老金支付则采用基金积累制。具体而言，个人缴费计入个人账户，并且由政府根据其支付能力确定账户资金积累的收益率，但是在账户中并没有实际的资产积累，NDC账户的缴费与其他缴费被一道用于当期退休人员退休金的支付，在职工退休时根据账户记账与收益总额、余命岁数予以年金化发放。NDC融资上是现收现付制，待遇发放则是基金积累制，这样既避免了个人账户的贬值风险，又强化了缴费激励，加强了缴费与收益间的关联，突出了个人账户的积累性质。另外，要提高个人账户比重。随着基础养老金全国统筹，考虑将企业缴费的一定比例重新划回个人账户，提高个人账户在基本养老保险金中的替代率。赵耀辉、徐建国（2001）[1]曾经测算过，如果全部社保缴费进入个人账户，并且得到市场利息，那么，保障60%的替代率，缴费率只需要10%。同时，个人账户占比的提高意味着提前退休的成本（也就是减少个人账户积累的后果）将由个人承担，由此个人就没有积极性退保或不缴费。当然，完全积累制缺少了养老保险再分配功能，因此我们认为，在养老保险缴费中，除满足维持基本生存需要的基础养老金发放部分计入统筹账户外，其余部分应计入个人账户。个人账户与企业年金合并也是未来改革可能的方向。

8.2.3　尽快出台延迟退休年龄方案，同时避免老年贫困

当下，我国延迟退休方案已呼之欲出。延迟退休是应对老龄化挑战的必然选择，然而，延迟退休年龄不能搞"一刀切"，应综合考虑人力资源供需、教育水

---

① 赵耀辉、徐建国：《我国城镇养老保险体制改革中的激励机制问题》，载于《经济学（季刊）》2001年第1期。

平、养老金收支及人口预期寿命等，研究渐进式延迟退休。同时，应赋予职工在工龄达到规定年限后选择退休的权利。一些学者建议将退休与领取养老金分离，也就是说，缴费已满 15 年，但是未达到退休年龄，可以选择退出劳动力市场，但是不能获得养老金领取资格，直到达到领取资格年龄才能开始领取养老金。如果将退休与领取养老金资格分离，退休年龄制度将发生变革。将来可以规定缴费满一定年份[1]即可退出劳动力市场，但是领取退休金的年龄随着人口老龄化的发展和养老基金结余的变化逐渐提高。同时，为避免老年贫困，应完善失业再培训与就业推荐等失业保险配套制度，完善老年救助机制。

8.2.4　完善养老金计发调整机制，冻结高额养老金

养老金的 14 连增[2]在人口老龄化与经济增速放缓的背景下，已经给财政带来了压力，同时退休职工已形成养老金增长的"期待"。企业职工的养老金水平从 2005 年的 600 多元上升至 2015 年的 2250 元，10% 的高增幅虽然与中国经济的高速增长相匹配，但是养老保险的调整幅度远高于通货膨胀和在职职工的工资增长率，处于非合理区间[3]。2014 年，我国企业职工养老金的替代率已经达到 67%，因此，随着人口老龄化与经济增速放缓，削减给付水平、严格待遇资格条件成为养老保险制度发展的方向。我们建议：改革养老金计发办法，根据退休前 15 年的平均收入确定养老金水平，而不是仅根据退休前收入确定；完善养老金调整机制，引入养老金自平衡机制，即基于法定的、程式化的调整规则，根据预期寿命、老龄化率、投资回报率等参数变化，自动调整养老金水平，使缴费与给付保持动态平衡，使经济增长风险和人口结构变化风险由全社会不同年龄层成员共同承担，形成风险在不同年龄层的均衡分担机制。对于养老金领取者个体而言，一方面，养老金待遇调整与工龄相联系，并且向工龄长的职工倾斜，避免养老金与工龄倒挂的情形；另一方面，待遇调整向待遇最低者（如退休者收入最低的10%）倾斜，实现公平与效率的兼顾。此外，开征养老金个人所得税，以调节养老金收入的过大差距。

建立养老保险待遇的正常调节机制，提高国家治理的权威性和科学性。越来

---

　　[1]　我国目前缴费满 15 年、达到退休年龄可以领取全额基本养老保险金的资格条件过于慷慨，未来获取全额养老金的资格年限应该提高，或者降低全额养老金的水平。

　　[2]　2005～2015 年每年各地养老金人均增幅 10%，2016 年为 6.5%，2017 年为 5.5%，2018 年和 2019 年为 5%。

　　[3]　养老金调整水平应落在工资增长率与通货膨胀率区间。

越多的国家引入养老基金收支平衡自动调节机制和可持续因素以平衡人口、经济与财政因素。为解决短期预算约束，一些 OECD 国家调整或考虑冻结养老金收益水平，尤其是高额养老金。例外的情形是保持或提高低收入退休者的净收益。具体到我国，应关注特殊群体的养老金及其调整：机关、公务人员养老金替代率远高于企业职工养老金替代率。养老保险制度并轨的初衷是缩小群体间养老金水平的差距，然而并轨以来，机关事业单位人员养老金水平每年与企业职工养老金水平实施相同的增长政策，导致养老金待遇调整出现亲富人倾向，机关事业单位养老金水平与企业职工养老金水平的差距不减反增。养老金连年的与经济增速持平的增长提高了养老金支付的财政风险，在经济转型与经济增长速度放缓的背景下，出现了养老金与在职职工工资倒挂的情形。提前退休的投机行为普遍：将身份从干部改为工人，普通职工改特殊工种，待遇不降低的内退、病退等各种造假花样翻新。

8.2.5　提高养老保险基金保值增值能力

基金贬值是养老保险出现缺口的重要原因。目前广东省、山东省将维持养老金发放以外的部分委托全国社保基金理事会投资运营，运营的效果和收益比较满意。截至 2015 年底，广东省和山东省共委托资金 1732.88 亿元。2015 年社保基金的投资收益率达到 15.14%，年均投资收益率为 8.82%，超过同期年均通货膨胀率 6.47 个百分点。可以预见，随着全国社会保障基金规模的不断扩大，其对我国人口老龄化高峰时期的养老保险等社会保障支出的补充、调剂作用也会不断增强，必将成为我国社会保障制度的一块"压舱石"。随着 2016 年 5 月 1 日《全国社会保障基金条例》的实施，各省份委托全国社保基金理事会运营基金，提高基金的保值增值能力，缓解养老金支付缺口乃是大势所趋。

8.2.6　重新定位政府养老保险责任，发挥养老保险再分配作用

我国养老保险制度仍然是碎片化的。我国养老保险制度改革重视缴费率、待遇水平调整改革，而忽视基本养老保险制度"保障年老退休后基本生活"原则，导致机关事业单位养老金最高，企业职工养老保险金偏高，城乡居民养老保险金则不足以满足基本生活需求。因此，随着人口老龄化发展与经济增速放缓，养老保险政府责任应逐渐定位于为老年居民提供基本生活保障，而实现退休后保持与退休前基本相当的生活水平则应依靠企（职）业年金及个人储蓄养老保险。补救

型的养老保险模式是老龄化社会可持续的制度模式，应突出财政的公共性，并根据公共性的层次完善养老保险体制机制，不区分户籍、职业等，为全体老年国民提供大体相当的老年基本生活水平。应将政府的部分职工养老保险责任转移给个人与市场。政府应为企业年金和个人储蓄养老保险发展提供政策支持。应考虑冻结高额养老金，制定高额养老金的下限标准，高于该标准后养老金冻结不再调整。要加大对城乡居民基本养老保险的财政投入，减少、消除老年贫困，缩小老年退休职工与老年居民间的基本生活差距，维护社会的公平与公正，实现公平与效率的兼顾。

在经济发展进入新常态、人口老龄化的背景下，要重新定位政府社会保障责任。政府应致力于多层次养老保险体系的建立。政府、企业与个人三方共担责任的机制是养老保险顶层设计的基础。首先，完善基本养老保险制度，实现基本养老保险全国统筹。2018年，《国务院关于建立企业职工基本养老保险基金中央调剂制度的通知》发布，迈出了实现基本养老保险全国统筹的第一步。同时，要建立缴费激励约束机制，多缴多得，少缴少得，将缴费与个人养老金受益挂钩，提高参保者对社会养老保险的认可度。兼顾公平，确立与各地经济发展水平相适应的全国统一的最低基础养老保险金发放标准，保障老年人基本的生活需要，政府的社会保障责任逐渐从组织者、支付责任者、风险承担者转向组织者和社会保障底线的最后责任人。大力发展企（职）业年金制度，通过税收优惠鼓励企业与个人积极参与，探索养老保险基金市场化运营，实现养老保险基金的保值增值，通过企业年金，提高退休后的养老金水平和养老质量，强化企业与个人养老保险责任。鼓励探索发展个人储蓄养老保险，满足不同收入阶层对养老金计划的差异化需求，并探索不同层次养老保险制度间的衔接和互补。

8.2.7 实现基础养老金全国统筹

基础养老金实现全国统筹是"十三五"规划提出的重要任务。由于财政分灶吃饭，统筹层次提高到哪一级，意味着哪一级政府承担"兜底"责任，养老保险事权不明晰，立法不明确，导致提高统筹层次进展不尽如人意，职工基本养老保险仍处于地区割据状态。仅北京、上海、天津、重庆、陕西、青海和西藏几个省份实现了省级统筹，大部分省份建立了省级调剂金制度。随着人口老龄化发展，一些地区出现收不抵支、养老金发放困难等问题，而一些人口相对年轻的地区与省份养老金结余额较大，资金供求结构性矛盾突出，中央政府需要调集大量资金补助缺口地区。养老金收支地区间的不平衡未来将会持续扩大，为避免养老金支付危机发生，建立老龄化社会更加公平的养老保险制度，职工养老保险基础养老金全国统筹成为制度进一步改革的突破点。而且，"营改增"全面推开后，地方主体收入来源营业税不复存在，地方收入锐减。政府上收养老保险部分事权是财政体制改革的重要内容。基础养老金全国统筹后，缴费由中央来管理，缴费率的确定建立在"保障职工老年基本生活需要水平"的基础上，中央政府将担负起全国基本养老保险统筹部分的"兜底"责任。地方政府养老保险责任则包括：个人账户长寿风险金补贴、城乡居民养老保险支出补贴部分。另外，政府应拓宽养老金筹资渠道，将部分国有资本经营收益划入统筹基金、全国社保基金投资收益划入等。

8.2.8 养老金以外的资产提供老年生活保障

房屋产权与金融资产成为老年养老的重要保障和资金来源。事实上，老年人的健康和长期照料服务是影响老年生活的两个决定因素。老年消费需求主要是医疗服务和失能后老年护理服务需求。老年人如果身体健康，基本养老生活支出有限。因此，养老金水平一味地提高无助于资源配置效率的提高，会导致企业、职工社会保险负担沉重，雇佣职工数量减少，失业率上升，所以"啃老"的部分经济因素与养老金水平高有关，不断提高的养老金水平恶化了养老金负担的代际公平。老年人通常拥有自己的房屋产权，积累了相较于其他年龄段人口更高的金融资产余额。这部分资产应成为老年生活保障的重要来源。

未来应一方面适时、弹性、渐进延迟退休年龄；另一方面重构养老保险责任分担机制。政府承担基础养老金的"托底"责任，个人承担养老保险的主要责任，企业承担养老保险的必要责任。

与人口、经济、社会相适应的更加公平、更加可持续的养老保险制度是广覆盖、保基本、多层次、责任共担的激励相容的养老保险制度。养老保险制度可持续发展任重而道远。

主要参考文献

［1］蔡昉、孟昕：《人口转变、体制转轨与养老模式的可持续性》，载于《比较》2003 年第 10 期。

［2］邓婷鹤、何秀荣：《退休对男性老年人健康的影响——基于断点回归的实证研究》，载于《人口与经济》2016 年第 6 期。

［3］封进：《社会保险对工资的影响——基于人力资本差异的视角》，载于《金融研究》2014 年第 7 期。

［4］封进：《中国城镇职工社会保险制度的参与激励》，载于《经济研究》2013 年第 7 期。

［5］雷晓燕、谭力、赵耀辉：《退休会影响健康吗?》，载于《经济学（季刊）》2010 年第 4 期。

［6］李林木、汪冲：《税费负担、创新能力与企业升级——来自"新三板"挂牌公司的经验证据》，载于《经济研究》2017 年第 11 期。

［7］刘苓玲、慕欣芸：《企业社会保险缴费的劳动力就业挤出效应研究——基于中国制造业上市公司数据的实证分析》，载于《保险研究》2015 年第 10 期。

［8］刘穷志等：《人口老龄化、经济增长与财政政策》，载于《经济学（季刊）》2012 年第 10 期。

［9］刘行、李小荣：《金字塔结构、税收负担与企业价值：基于地方国有企业的证据》，载于《管理世界》2012 年第 8 期。

［10］刘学良：《中国养老保险的收支缺口和可持续性分析》，载于《中国工业经济》2014 年第 9 期。

［11］马拴友：《税收优惠与投资的实证分析——兼论促进我国投资的税收政策选择》，载于《税务研究》2001 年第 10 期。

［12］聂辉华、方明月、李涛：《增值税转型对企业行为和绩效的影响——以东北地区为例》，载于《管理世界》2009 年第 5 期。

［13］申广军、陈斌开、杨汝岱：《减税能否提振中国经济?——基于中国增值税改革的实证研究》，载于《经济研究》2016 年第 11 期。

［14］宋晓梧：《企业社会保险缴费成本与政策调整取向》，载于《社会保障评论》2017 年第 1 期。

［15］苏春红、李齐云：《延迟退休年龄效应分析与推进策略研究》，载于《理论学刊》2014 年第 4 期。

［16］苏中兴：《基本养老保险费率：国际比较、现实困境与改革方向》，载于《中国人民大学学报》2016 年第 1 期。

［17］孙博、吕晨红：《不同所有制企业社会保险缴费能力比较研究——基于超越对数生产函数的实证分析》，载于《江西财经大学学报》2011 年第 1 期。

［18］王克敏、刘静、李晓溪：《产业政策、政府支持与公司投资效率研究》，载于《管理世界》2016 年第 3 期。

［19］王晓军等：《养老金支付缺口：口径、方法与测算分析》，载于《数量经济技术经济研究》2013 年第 11 期。

［20］王昀、孙晓华：《政府补贴驱动工业转型升级的作用机理》，载于《中国工业经济》2017 年第 10 期。

［21］王增文、邓大松：《基金缺口、缴费比率与财政负担能力：基于对社会保障主体的缴费能力研究》，载于《中国软科学》2009 年第 10 期。

［22］吴联生：《国有股权、税收优惠与公司税负》，载于《经济研究》2009 年第 10 期。

［23］行伟波：《税制改革、实际税负与企业绩效》，载于《经济研究参考》2013 年第 67 期。

［24］许伟、陈斌开：《税收激励和企业投资——基于 2004～2009 年增值税转型的自然实验》，载于《管理世界》2016 年第 5 期。

［25］杨志勇：《大国轻税》，广东经济出版社 2018 年版。

［26］余明桂、回雅甫、潘红波：《政治联系、寻租与地方财政补贴有效性》，载于《经济研究》2010 年第 3 期。

［27］郑秉文：《供给侧：降费对社会保险结构性改革的意义》，载于《中国人口科学》2016 年第 3 期。

［28］郑秉文：《中国养老金发展报告 2012》，经济管理出版社 2012 年版。

［29］朱青：《我国社会保障制度完善与财政支出结构调整》，载于《公共经济学评论》2009 年第 5 期。

［30］Andreasen, E. M. et al., 1994, Screening for Depression in Well Older Adults: Evaluation of a Short Form of the CES – D, *American Journal of Preventive Medicine*, 10（2）, pp. 77 – 84.

［31］Auerbach, A. J. and K. A. Hassett, 1992, Tax Policy and Business Fixed Investment in the United States, *Journal of Public Economics*, 47 (2), pp. 141 – 170.

［32］Azzi, S. M. et al., 2007, The Effect of Retirement on Health: A Panel Analysis Using Data from the Swiss Household Panel, *Swiss Med Weekly*, 137 (41 – 42), pp. 581 – 585.

［33］Belloni, M. et al., 2015, The Effect on Mental Health of Retiring during the Economic Crisis Working Paper, No. 10.

［34］Bradford, L. P., 1979, Can You Survive Your Retirement?, *Harvard Business Review*, 57 (4), pp. 103 – 109.

［35］Carroll, R. et al., 1998, Entrepreneurs, Income Taxes and Investment, NBER Working Paper, No. 6374.

［36］Cheng Hui G. et al., 2016, Prospective Relationship of Depressive Symptoms, Drinking, and Tobacco Smoking among Middle-aged and Elderly Community-dwelling Adults: Results from the China Health and Retirement Longitudinal Study (CHARLS), *Journal of Affective Disorders*, 195, pp. 136 – 143.

［37］Coe, N. B. and G. Zamarro, 2011, Retirement Effects on Health in Europe, *Journal of Health Economics*, 30 (1), pp. 77 – 86.

［38］Coile, C., 2018, The Evolution of Retirement Incentives in the U. S., NBER Working Paper, No. 25281.

［39］Dave, D. et al., 2008, The Effects of Retirement on Physical and Mental Health Outcome, *Southern Economic Journal*, 75 (2), pp. 497 – 523.

［40］Desai, M. A. and D. Dharmapala, 2009, Corporate Tax Avoidance and Firm Value, *Review of Economics and Statistics*, 91 (3), pp. 537 – 546.

［41］Diamond, Peter A., 2005, Pensions for an Aging Population, NBER Working Paper, No. 11877.

［42］Diamond, Peter A., 1982, Wage Determination and Efficiency in Search Equilibrium, *The Review of Economic Studies*, 49 (2), pp. 217 – 227.

［43］Diamond, Peter A. and N. Barr, 2009, Reforming Pensions: Principles, Analytical Errors and Policy Directions, *International Social Security Review*, 62 (2), pp. 5 – 29.

［44］Ding, D. et al., 2016, Retirement – A Transition to a Healthier Lifestyle: Evidence from a Large Australian Study, *American Journal of Preventive Medicine*, 51 (2), pp. 170 – 178.

〔45〕 Djankov, S. et al. , 2010, The Effect of Corporate Taxes on Investment and Entrepreneurship, *Social Science Electronic Publishing*, 2 (3), pp. 31 – 64.

〔56〕 Eibich, P. , 2015, Understanding the Effect of Retirement on Health: Mechanisms and Heterogeneity, *Journal of Health Economics*, 43 (1), pp. 1 – 12.

〔47〕 Ekerdt, D. et al. , 1983, Claims That Retirement Improves Health, *Journal of Gerontology*, 38 (2), pp. 231 – 236.

〔48〕 European Commission, 2010, Green Paper, towards Adequate, Sustainable and Safe European Pension Systems, Brussels: Luxembourg: Publications Office of the European Union.

〔49〕 Feldstein, M. , 2005, Rethinking Social Insurance, *American Economic Review*, 95 (1), pp. 1 – 24.

〔50〕 Gillion, C. et al. , 2000, Social Security Pensions: Development and Reform. Geneva: International Labor Office.

〔51〕 Grossman, M. , 1972, On the Concept of Health Capital and the Demand for Health, *Journal of Pubic Economics*, 80 (2), pp. 223 – 255.

〔52〕 Hahn, T. and W. Klaauw, 2001, Identification and Estimation of Treatment Effects with a Regression Discontinuity Design, *Econometrica*, 69 (1), pp. 201 – 209.

〔53〕 Heide, I. et al. , 2013, Is Retirement Good for Your Health? A Systematic Review of Longitudinal Studies, *BMC Public Health*, 13 (1), pp. 1 – 11.

〔54〕 Hessel, P. , 2016, Does Retirement (Really) Lead to Worse Health among European Men and Women across All Educational Levels?, *Social Science and Medicine*, 151, pp. 19 – 26.

〔55〕 Hideki, H. , 2015, Impacts of Leaving Paid Work on Health, Functions, and Lifestyle Behavior: Evidence from JSTAR Panel Data, *RIETI Discussion Paper Series*, 15 – E – 114.

〔56〕 Holdsworth, C. et al. , 2016, Is Regular Drinking in Later Life an Indicator of Good Health? Evidence from the English Longitudinal Study of Ageing, *Journal of Epidemiology and Community Health*, 70 (8), pp. 764 – 770.

〔57〕 Insler, M. , 2014, The Health Consequences of Retirement, *Journal of Human Resources*, 49 (1), pp. 195 – 233.

〔58〕 Johnston, D. W. and W. Lee, 2009, Retiring to the Good Life? The Short-term Effects of Retirement on Health, *Economics Letters*, 103 (1), pp. 8 – 11.

〔59〕 Kalwij et al. , 2010, Retirement of Older Workers and Employment of the

Young, *De Economist*, 158 (4), pp. 341 – 359.

［60］Kämpfen, F. and J. Maurer, 2016, Time to Burn (Calories)? The Impact of Retirement on Physical Activity among Mature Americans, *Journal of Health Economics*, 45, pp. 91 – 102.

［61］Kotlikoff, L. J. , 1979, Testing the Theory of Social Security and Life Cycle Accumulation, *American Economic Review*, 69 (3), pp. 396 – 410.

［62］Kugler, A. and M. Kugler, 2009, Labor Market Effects of Payroll Taxes in Developing Countries: Evidence from Colombia, *Economic Development and Culture Change*, 57 (2), pp. 335 – 358.

［63］Latif, E. , 2013, The Impact of Retirement on Mental Health in Canada, *Journal of Mental Health Policy and Economics*, 16 (1), pp. 5 – 46.

［64］Lee, D. S. and T. Lemieux, 2010, Regression Discontinuity Design in Economics, *Journal of Economic Literature*, 48 (2), pp. 281 – 355.

［65］Lee, J. P. and J. Smith, 2009, Work, Retirement, and Depression, *Population Ageing*, 2 (1 – 2), pp. 57 – 71.

［66］Lefèbvre, 2012, Unemployment and Retirement in a Model with Age-specific Heterogeneity, *Labor*, 26 (2), pp. 137 – 155.

［67］Leff, Nathaniel H. , 1969, Dependency Rates and Savings Rate, *American Economic Review* , 59 (5), pp. 886 – 896.

［68］Leff, Nathaniel H. , 1971, Dependency Rates and Savings Rate: Reply, *American Economic Review*, 61 (3), pp. 476 – 480.

［69］Lindeboom, M. et al. , 2002, An Econometric Analysis of the Mental-health Effects of Major Events in the Life of Older Individuals, *Health Economics*, 11 (6), pp. 505 – 520.

［70］Mcgarry, K. , 2004, Do Changes in Health Affect Retirement Expectations?, *The Journal of Human Resources*, 39 (3), pp. 624 – 648.

［71］Mortensen, D. and C. Pissarides, 1999, New Developments in Models of Search in the Labor Market, *Handbook of Labor Economics*, 3 (39), pp. 2567 – 2627.

［72］Neuman, K. , 2007, Quit Your Job and Get Healthier? The Effect of Retirement on Health, *Journal of Labor Research*, 29 (2), pp. 177 – 201.

［73］Nielsen, I. and R. Smyth, 2008, Who Bears the Burden of Employer Compliance with Social Security Contributions? Evidence from Chinese Firm Level Data,

China Economic Review, 19 (2), pp. 230 – 244.

[74] Perterson, Peter G., 1999, Gray Dawn: How the Coming Age Wave Will Transfer American and the World, New York: Random House.

[75] Ram, R., 1982, Dependency Rates and Aggregate Savings: A New International Gross-Section Study, *American Economic Review*, 72 (3), pp. 537 – 544.

[76] Richardson, S., 2006, Over-investment of Free Cash Flow, *Review of Accounting Studies*, 11 (2 – 3), pp. 159 – 189.

[77] Sahlgren, G. B., 2017, Retirement Blues, *Journal of Health Economics*, 54, pp. 66 – 78.

[78] Sahlgren, G. B., 2012, Work "Till You Drop": Short and Longer-term Health Effects of Retirement in Europe, IFN Working Paper, No. 928.

[79] Salinger, M. A. and L. H. Summers, 1981, Tax Reform and Corporate Investment: A Microelectronic Simulation Study, *NBER Working Paper*, No. 757.

[80] World Bank, 1994, Averting the Old Age Crisis: Policies to Protect the Old and Promote Growth, New York: Oxford University Press.

附录 报告论文 财政流动、转移支付及其减贫效率[*]
——基于中国农村微观数据的分析

摘要：基于 2011 年中国健康与养老追踪调查（China Health and Retirement Longitudinal Study，CHARLS）数据，本文采用财政流动剖面和财政流动矩阵两种方法测度了中国农村的财政流动，并计算了中国农村各类公共转移支付的反贫困效率。结果显示，转移支付和税费系统减少了农村不平等和贫困；虽然税费表现出了累退特性，但转移支付和税费系统作为一个整体而言是累进的；从政府转移支付的各种类看，五保户补助、无保障老人补助、低保、特困户补助及退耕还林补助这些种类的政府转移支付对贫困的瞄准较好，其减贫效率相对较高，溢出效应也相对较小；把养老金作为公共转移支付进行敏感性分析时发现养老金亲穷人的程度较高，农业补助仍然具有亲富人的特征。

关键词：非匿名财政归宿；财政流动；转移支付和税费；贫困；不平等

一、引 言

改革开放以来，我国农村居民收入呈现较大幅度的增长，但农村贫困依然是一个沉重的主题。与此同时，农村内部的收入不平等也不容忽视，提高财政再分配及减困效率对农村发展具有重要作用。那么，我国农村当前的政府转移支付和税费系统减少了不平等和贫困吗？转移支付和税费系统是累进的还是累退的（是亲穷人的还是亲富人的）？转移支付在反贫困中的效率如何？

财政流动为解答上述问题提供了一个分析框架。拉斯帝格（Lustig，2011）

---

* 本文发表于《金融研究》2015 年第 4 期，作者为项目负责人。该文被评为《金融研究》2015 年度优秀论文，获得山东省第三十一次（2017 年）社科优秀成果二等奖，被中国人民大学复印资料《农业经济研究》全文转载。

认为财政流动与财政再分配的主要区别在于：财政再分配指的是财政政策对再分配指标（主要是不平等和贫困指数）的影响。财政再分配服从匿名原则，即财政政策后的收入分配排序处于 k 位的个人，其财政政策前的身份并不明确。与此相比，财政流动是在收入分组（比如轻度贫困、重度贫困）的社会经济阶梯中的一种非匿名的变动，即财政流动更多具有非匿名的特征。财政流动这一工具能判断哪些个体是转移支付或税费政策的受益或受损者。该特性是传统的匿名再分配分析工具（如基尼系数）所不具备的。识别财政干预的受益或受损者不仅对解决水平不平等问题有益，而且能判断哪些群体潜在地支持或反对财政改革。

对流动性测度国外学者也进行了多角度探讨。比如菲尔茨（Fields，2008）认为"流动性"是同一家庭或个体的收入向量在两个不同时期的转换过程，但流动性概念也可适用于比较家庭或个体收入"前—后""状况 A—现状"之间的变动，财政流动指的是同一家庭"财政前"收入向量向"财政后"收入向量的转化，此意义上的流动性没有涉及两个时期（Lustig and Sean，2013）。布吉尼翁（Bourguignon，2011）认为对匿名和非匿名两者差异的认识还有不足，指出绝大多数所谓的标准的税收改革福利分析并没有把"现状"因素纳入进来，为此，他比较了税收改革的匿名和非匿名的效应，并以法国为例进行了微观的经验分析。事实上，财政政策遵从的原则应该与马斯格雷夫（Musgrave，1959）的同样的人应以同样的方式对待（equal treatment of equals）原则不悖，财政政策引起的家庭收入位置向上或向下的流动会对家庭福利产生影响。

中国学者对财政政策再分配的效应研究主要集中于两个方面，其一，税费政策效应（尹恒等，2009；聂海峰、岳希明，2012；平新乔等，2009；李实等，2006；徐建炜等，2013）。其二，转移支付减贫效应。都阳等（2007）利用两轮城市微观调查数据研究表明，中国的救助体系具有较好的救助效率。刘穷志（2009）研究发现，中国的公共转移支付并没有减少农村贫困而是使他们更加贫困。卢盛峰、卢洪友（2013）认为政府救助资金未能有效发挥减贫作用。张川川等（2015）利用微观调查数据的研究发现，具有转移支付性质的新型农村社会养老保险减少了贫困的发生。钟春平等（2013）研究发现农业补贴提高了农户福利。国内文献鲜见把公共转移支付和税费结合起来分析财政系统对再分配和贫困影响的研究，且没有比较匿名与非匿名财政归宿异同，也没有测度各类别公共转移支付在减贫中的相对效率大小。

本研究基于 2011 年中国健康与养老追踪调查（China Health and Retirement Longitudinal Study，CHARLS）的基线调查数据，利用事先定义的收入分组反映转移支付和税费前后收入的财政流动状况，收入分组可以任意选取，比如重度贫困、轻度贫困、非贫困等，财政流动通过收入转移矩阵即财政流动矩阵测度，财政流动矩阵可以计算个体在转移支付和税费前的某个收入组（比如非贫困）由于转移支付和税费的原因移动到另一个收入组（比如贫困）的比例，转移支付和税费可能会引致个体收入向下或向上的流动。此外，本研究还分析了中国农村各类公共转移支付的垂直支出效率、减贫效率、溢出指数及贫困距效率。

本文余下部分结构如下：第二部分为方法与数据说明；第三部分为把养老金划入市场收入的基准性分析；第四部分为把养老金划入政府转移支付的敏感性分析；最后是结论。

二、方法与数据

（一）方法

流动性概念随着其测度及解释的不同而不同，菲尔茨（2008）曾对流动性做过详细的综述。本文采用两种方法测度财政流动：第一种方法称为财政流动剖面方法，这种方法类似于范·科尔（Van Kerm，2009）的收入流动剖面方法。财政流动剖面方法使用图形工具描绘财政政策实施前后的收入流动，检验初始状态和个体实际流动二者之间的关联。它与匿名"财政归宿曲线"相比的不同点在于，匿名的"财政归宿曲线"是基于财政政策实施后家庭收入再排序做出的，而财政流动剖面方法则能描绘出真实的变动轨迹。第二种方法称为财政流动矩阵方法（Lustig and Sean，2013），该方法类似于马尔可夫收入转移矩阵，用以反映收入分组 k 在财政政策前后的位置变化。假设财政流动可由 k * k 组成的转移矩阵 P 表示，P 中的第 ij 个元素 P_{ij} 代表个体在财政政策前的第 i 组收入移动到财政政策后的第 j 组收入的概率，P 为随机矩阵，$\sum_{j=1}^{k} P_{ij} = 1$，$i \in \{1, \cdots, k\}$。定义 Z 为介于 $Z_{min} \sim Z_{max}$ 之间的贫困线向量，贫困线会影响 k 组中子集 r（r < k）的流动概率 P_{ij}，在 $i \in \{1, \cdots, k\}$，$j \in \{1, \cdots, r\}$，$j \leqslant r < i$ 条件下，如果 $P_{ij} > 0$ 说明非贫困人群流动到了贫困人群。财政流动矩阵不仅能计算贫困（非贫困）转变为更加贫困（贫困）的占比，还能计算这些转变人群的收入流失数量。假设 L 为收入流失数量矩阵，L 在财政政策前后的收入分组分为 1···k 组，L 矩阵中的元素 l_{ij}

表示财政政策前处于 i 组收入的人群在财政政策后其收入变动到 j 组（j≤i）收入流失的数量，基于以上定义，L 是半负定、轻度下三角矩阵，如果 $l_{ij} < 0$（i < r），说明贫困群体的收入流失。

如果在贫困群体之间发生了向下的流动（比如贫困转变为更加贫困），将不会出现一阶占优，也不会出现贫困人群（从非贫困到贫困）之间的再排序。另外，如果财政政策后的收入分布占优于财政政策前的收入分布并且贫困群体没有发生再排序，贫困群体之间就不会产生向下的流动。尽管在再排序效应出现的情况下，有向下的流动仍然会产生一阶占优。向下流动和布吉尼翁（2011）提出的 Z(p，q) 函数（p 代表最贫困群体由于政策实施带来的收入增加，q 代表次一级贫困群体由于政策实施带来的收入增加）之间存在关联，对任意的 p < h（h 代表贫困人头率）和任意的 q，如果 Z(p，q) < 0，那么贫困群体之间的收入就会发生向下的流动。

贝克曼（Beckerman，1979）提出了基于贫困的效率指数，它包括垂直支出效率、减贫效率及溢出指数，易马福等（Immervoll et al.，2009）在此基础上又增加了贫困距效率。各效率指数的计算如下：

$$\text{垂直支出效率} = \frac{\sum_{\{i \,|\, y_i^n < z\}} \omega_i (y_i^d - y_i^n)}{\sum_i \omega_i (y_i^d - y_i^n)}$$

$$\text{溢出指数} = \frac{\sum_{\{i \,|\, y_i^n < z \leqslant y_i^d\}} \omega_i (y_i^d - z)}{\sum_{\{i \,|\, y_i^n < z\}} \omega_i (y_i^d - y_i^n)}$$

$$\text{减贫效率} = \frac{\sum_{\{i \,|\, y_i^d < z\}} \omega_i (y_i^d - y_i^n) + \sum_{\{i \,|\, y_i^n < z \leqslant y_i^d\}} \omega_i (z - y_i^n)}{\sum_i \omega_i (y_i^d - y_i^n)}$$

$$\text{贫困距效率} = \frac{\sum_{\{i \,|\, y_i^d < z\}} \omega_i (y_i^d - y_i^n) + \sum_{\{i \,|\, y_i^n < z \leqslant y_i^d\}} \omega_i (z - y_i^n)}{\sum_{\{i \,|\, y_i^n < z\}} \omega_i (z - y_i^n)}$$

其中，ω_i 代表第 i 个观测值的样本权重，y_i^n 代表第 i 个家庭的人均净市场收入，y_i^d 代表第 i 个家庭的人均可支配收入，z 为贫困线。垂直支出效率指的是转移支付前为贫困的家庭从财政支出中得到的收益份额；减贫效率指的是通过财政支出让贫困家庭减少其离贫困线的距离，这种距离减少没有超调；溢出指数指的是财政支出相对于严格达到贫困线所需支出的多余部分；贫困距效率指的是通过转移支付使得贫困距缩小的效率。

另外，拉斯帝格等（2013）在家庭层面定义了财政的贫困及不平等效率指数，这种指数定义为转移支付的再分配效应或转移支付对贫困的影响尔后再除以转移支付的相对数量。比如，对公共转移支付而言，效率指数是净市场收入与可支配收入的基尼系数（或者贫困人头率）之差，然后再除以根据微观调查得到的总转移支付占根据微观调查的全部可支配收入之比。

（二）数据

本文使用的数据为2011年中国健康与养老追踪调查（CHARLS）的基线调查数据，该数据集收集了中国28个省45岁及以上中老年人家庭和个人的微观数据，覆盖150个县级单位，450个村级单位，约1万户家庭中的1.7万人。CHARLS采用了多阶段抽样，在县/区和村居抽样阶段均采取PPS抽样方法。CHARLS问卷内容包括：个人基本信息，家庭结构和经济支持，健康状况，体格测量，医疗服务利用和医疗保险，工作、退休和养老金、收入、消费、资产，以及社区基本情况等（Zhao et al.，2013）。本研究使用的是农村①地区样本，并且删除了关键变量缺失及市场收入为零和负的家庭样本，样本容量为6962个。

本文首先对收入做了以下区分：市场收入及转移支付和税费前、转移支付和税费后收入，这些收入均为家庭人均收入。另外，本文还根据养老金②的不同归属做了基准性和敏感性分析。在基准性分析中我们把养老金作为市场收入的一部分，而在敏感性分析中则把养老金作为政府公共转移支付的一部分。

转移支付和税费前（市场）收入包括家庭农业收入［家庭生产的农林产品（包括所有卖出去的和家庭消费的）减去种子、化肥、农药等投入］、家庭畜牧和水产品收入（家庭畜牧和水产品总收入减去相应投入）、家庭个体经营和私营企业净收入、私人转移支付收入［包括不是家户成员的父母、岳父母（公公婆婆）、子女、孙子女、亲戚、非亲戚给的现金及实物］、家庭工资性收入、利息收

---

① 如果被调查者居住在城市、城郊、城镇、城镇郊区，或者非农就业在70%以上的特殊地区则划入城市。

② 对现收现付缴费型养老金的归属不同学者之间存在着争议，比如一些学者认为养老金应该归入市场收入，原因在于它是延迟的收入，而另一些学者认为当养老金系统得到政府大量补助时，养老金应该归入公共转移支付。

入、社会捐助收入、房租收入、出租土地和其他家庭资产得到的收入、征地和拆迁补偿、养老金收入、离婚后的赡养费和子女抚养费等其他收入。所有价值量指标进行了地区间价格指数调整。

转移支付和税费后的收入指的是市场收入减去家庭上交给政府相关部门的税费和杂费再加上公共转移支付收入[①]。全部样本家庭年人均收到各种转移支付数量的均值描述参见表1。

表1　　　　　　　　全部样本家庭年人均收到各种转移支付的数量　　　　单位：元

项目	均值	标准差	最小值	最大值
失业补助	1.443	65.844	0	4200
无保障老人补助	5.843	83.833	0	3600
工伤补助	2.569	79.017	0	5000
独生子女老年补助	3.421	69.199	0	4680
医疗救助	3.043	83.714	0	5000
给个人其他补助	35.21	257.8	0	10200
低保	41.17	204.45	0	8400
退耕还林	19.3	118.64	0	4333
农业补助	90.21	205.17	0	5000
五保户补助	10.1	122.32	0	3480
特困户补助	1.393	34.857	0	1667
工伤人员亲属补助	1.6	71.711	0	5230
给家庭其他补助	10.81	136.77	0	5000

从表1可以看出，全部样本家庭年人均收到各种类转移支付的数量存在较大差异，农村家庭收到低保、农业补助等转移支付数额较大，而收到失业补助、特困户补助等转移支付的数量较少。当然，家庭间收到同一种类转移支付的标准差较大，说明家庭间收到同一种类转移支付的数量差异较为显著。

---

①　CHARLS调查中的公共转移支付由家庭和个人得到的公共转移支付两部分组成。其中对家庭的公共转移支付包括低保、退耕还林补助、农业补助、五保户补助、特困户补助、工伤人员亲属补助、给家庭其他补助。对个人的公共转移支付包括失业补助、无保障老人补助、工伤补助、独生子女老年补助、医疗救助、给个人其他补助。

三、实 证 分 析

如前文所述，把缴费型养老金归入市场收入还是政府转移支付存在争议，根据养老金不同的归属，经验研究首先进行的是把养老金划入市场收入的基准性分析。

（一）财政流动

我们首先比较公共转移支付和税费前收入（市场收入）与公共转移支付和税费后（简称财政后）的收入差异。从不平等的视角来看，转移支付和税费系统促进了收入均等化。转移支付和税费前的基尼系数为 0.5516，而转移支付和税费后的基尼系数下降到 0.5341，下降了 3.2%。而且，转移支付和税费后的收入分布洛伦兹曲线占优于转移支付和税费前的收入分布。

从贫困的视角来看，转移支付和税费系统对穷人而言是比较有益的，以每天 $1PPP、$2PPP 国际贫困线标准衡量，贫困发生率、贫困深度和贫困严重程度均出现了显著的下降。

比如，以每天 $1PPP 的标准衡量，转移支付和税费后的贫困人头率、贫困缺口、贫困缺口平方分别比转移支付和税费前下降 14.3%、21.39%、26.56%，而且均在 1% 的统计水平上显著。

表 2 汇报了基尼系数下降以及以国际贫困线衡量的贫困下降情况。

表 2　　　　　　　　　　转移支付和税费前后的贫困与不平等

项目	转移支付和税费前	转移支付和税费后	转移支付和税费后前差异
基尼系数	0.552	0.534	− 0.018 ***
贫困人头率（$1PPP）	0.242	0.207	− 0.035 ***
贫困缺口（$1PPP）	0.124	0.098	− 0.027 ***
贫困缺口平方（$1PPP）	0.083	0.061	− 0.022 ***
贫困人头率（$2PPP）	0.401	0.375	− 0.026 ***
贫困缺口（$2PPP）	0.225	0.197	− 0.028 ***
贫困缺口平方（$2PPP）	0.158	0.131	− 0.027 ***

注：*** 表示 1% 水平下显著。

转移支付和税费的累进和累退对贫困和不平等有不可忽视的影响，计算转移支付或税费的累进累退的工具一般为集中曲线、集中系数以及卡瓦尼（Kakwani，1977）指数。税费的累进累退定义在文献中争议不大，而对转移支付累进或累退的定义则存在争议，有的学者（Scott，2013）认为当人均转移支付数量随着收入的下降而下降时是累进的，而其他一些学者（Lindert et al.，2006）则认为当转移支付占市场收入的比重随着收入下降而下降时是累进的，我们认为转移支付导致的结果比市场收入结果有更小（大）的不平等则是累进（累退）的。通过计算，税费的卡瓦尼指数为 -0.0838（税费的集中系数为 0.4678，税费的基尼系数为 0.5516），表现出了累退特性。而转移支付的 Kakwani 指数为 0.647（转移支付的集中系数为 -0.0954，转移支付的基尼系数为 0.5516），转移支付则表现出了累进特征。尽管如此，转移支付和税费后相对于转移支付和税费前的雷诺兹 - 斯莫伦斯基（Reynolds-Smolensky）指数为 0.0206[①]，说明转移支付和税费系统作为一个整体而言是累进的，这也从另一个侧面佐证了前述结论。

公共转移支付是亲贫困还是亲富人的分析给我们提供了另外一个关于财政累进累退的视角（O'Donnell et al.，2008；Wagstaff，2012）。如果某类公共转移支付集中系数为负，表明该种转移支付为亲穷人的特征，即穷人得到此类公共转移支付较多；而如果某类公共转移支付集中系数为正号，则说明此类公共转移支付具有亲富人的特征，富人得到此类公共转移支付较多。计算发现无论是给个人的公共转移支付还是给家庭的公共转移支付，其集中系数符号并非同一符号，给个人的各种公共转移支付集中系数同时含有正负号，给家庭的公共转移支付集中系数符号也如此；失业补助、工伤补助、医疗救助、农业补助和工伤人员亲属补助这些公共转移支付集中系数符号为正，说明这些转移支付是亲富人的，富人得到此类公共转移支付反而较多，医疗救助的集中系数最高达到 0.34。农业补助的集中系数最小为 0.007，该类公共转移支付虽然与零差异不大，但也表现出了亲富人的一些特征，这可能与此类公共转移支付的"特惠"特征（比如粮食直补）有关，此公共转移支付并非单独瞄准穷人；无保障老人补助、独生子女老年补助、低保、退耕还林补助、五保户补助、特困户补助、给家庭和个人的其他补助这些公共转移支付均为负号，说明这些公共转移支付具有亲穷人特征，其中，五保户补助和无保障老人补助集中系数的绝对数额较大，分别达到 0.45、0.41，这同时也说明针对特定贫弱人群的公共转移支付政策与其初衷是相合的。通过对上述各类别公共转移支付集中系数的分析可

---

① 基尼系数为 0.5516，转移支付和税费后的集中系数为 0.5310。另外，我们还把卡瓦尼进行了垂直效应和再排序效应的分解，结果显示垂直效应为 0.0206，阿特金森（Atkinson）再排序效应为 0.0031。

知，以反贫困（公平分配）为目的的公共转移支付还有必要加以合并和整合。

在匿名归宿分析中，通过比较转移支付和税费前的 d 收入分位与转移支付和税费后的 d 收入分位（即使这两个分位并非是同一个体），可知最贫困人群从转移支付和税费系统中获益较多。匿名归宿分析表明，由于转移支付和税费的原因，最穷的两个收入分位上的收入增长幅度最大，第一个收入分位增长了 42.7%，第二个收入分位增长了 23.9%。非匿名归宿分析显示，由于转移支付和税费的原因，第一收入分位家庭收入平均增长了 88.4%，第二分位家庭收入平均增长了 28.7%，第三收入分位家庭收入平均增长了 17.3%。由于贫困群体收入处于这最低的三个收入分位中，所以这三个收入分位中的家庭是"净受益者"中较大群体[1]，我们可以得到转移支付和税费系统惠及了贫困人群的结论。但即使非匿名归宿分析中比较的同一个家庭在财政前后的收入变化，仍没有考虑贫困群体向下流动这种情况，收入流失者可能被平均收入分位掩盖。

综上所述，转移支付和税费系统减少了不平等和贫困，转移支付和税费作为整体系统而言是累进的。从匿名和非匿名财政归宿的分析中可以看出，转移支付和税费系统使得最低三个收入分位的家庭收入增长幅度较大。但是该好信息可能忽略了非贫困滑向轻度贫困、轻度贫困滑向重点贫困的现象。

表 3 汇报的是中国农村财政流动矩阵的情况。我们在表 3 的最后一行和最后一列分别增加了财政后收入分组人口百分比、市场收入分组人口百分比。收入共划分了六组，根据陈和马丁（Chen and Martin，2010）的文献并结合中国农村实际，我们把贫困分成了三组，每天 1\$PPP 以下（重度贫困家庭）、每天 1\$PPP ~ 2\$PPP（中度贫困家庭）、每天 2\$PPP ~ 2.5\$PPP（轻度贫困家庭）；非贫困群体同样划分了三组，每天 2.5\$PPP ~ 4\$PPP（脆弱性家庭）、每天 4\$PPP ~ 10\$PPP（较富裕家庭）、每天 10\$PPP 以上（富裕家庭）。

表3	财政流动矩阵						单位：%
市场收入分组	财政后收入分组						人口百分比
	$y < 1$	$1 \leq y < 2$	$2 \leq y < 2.5$	$2.5 \leq y < 4$	$4 \leq y < 10$	$10 \leq y$	
$y < 1$	85.63	12.53	0.53	1.13	0.18		24.1
$1 \leq y < 2$	0.09	86.09	10.41	2.60	0.81		16

---

[1] 值得指出的是，第十收入分位收入较高的家庭也从转移支付和税费系统中获益，尽管第十收入分位家庭由于转移支付和税费的原因收入只增长了不到 1%（匿名财政归宿中增长 0.5%、非匿名财政归宿中增长 0.4%）。

续表

市场收入分组	财政后收入分组						人口百分比
	$y < 1$	$1 \leqslant y < 2$	$2 \leqslant y < 2.5$	$2.5 \leqslant y < 4$	$4 \leqslant y < 10$	$10 \leqslant y$	
$2 \leqslant y < 2.5$		0.67	79.33	19.78	0.22		6.5
$2.5 \leqslant y < 4$		0.09	0.28	92.78	6.85		15.5
$4 \leqslant y < 10$				0.10	98.94	0.96	28.4
$10 \leqslant y$					0.31	99.69	9.5
人口百分比	20.7	16.9	6.9	16.5	29.4	9.6	100

表 3 的结果显示，尽管脆弱性家庭收到了公共转移支付，但由于税费的原因，其滑入轻度贫困的比例为 0.28%、滑入中度贫困的比例为 0.09%，轻度贫困滑入中度贫困的比例为 0.67%，中度贫困滑入重度贫困的比例为 0.09%。这种向下流动分析是前述常规的工具（如基尼系数、累进性、财政归宿）所不能及的。

上述内容分析了转移支付和税费在贫困群体之间引致的向下流动，接下来探讨向下流动的穷人流失的收入数量，表 4 汇报的是失去者收入流失数量矩阵。收入流失数量矩阵刻画了各组收入流失者在财政政策前的平均收入以及收入流失者流失的收入数量占财政政策前的比例。收入流失数量结果令人惊讶，那些收入流失的重度贫困家庭在财政政策前的收入每天只有 0.51 \$ 且收入平均减少 24%；中度贫困滑入重度贫困在财政政策前的收入为每天 1.04 \$ 而且收入平均减少 4.7%；轻度贫困滑入中度贫困在财政政策前的收入为每天 2.24 \$，收入平均减少 30%。

表4　　　　　　　　　　**失去者的收入流失数量矩阵**

市场收入分组	财政后收入分组						人口百分比（%）	组平均
	$y < 1$	$1 \leqslant y < 2$	$2 \leqslant y < 2.5$	$2.5 \leqslant y < 4$	$4 \leqslant y < 10$	$10 \leqslant y$		
$y < 1$	−24% (0.51\$)						24.1	−24% (0.51\$)
$1 \leqslant y < 2$	−4.7% (1.04\$)	−6.9% (1.51\$)					16	−6.7% (1.48\$)
$2 \leqslant y < 2.5$		−30% (2.24\$)	−4% (2.35\$)				6.5	−11% (2.32\$)

市场收入分组	财政后收入分组						人口百分比（%）	组平均
	y < 1	1 ≤ y < 2	2 ≤ y < 2.5	2.5 ≤ y < 4	4 ≤ y < 10	10 ≤ y		
2.5 ≤ y < 4		−43% (2.68$)	−28% (3.15$)	−2.9% (3.29$)			15.5	−7% (3.25$)
4 ≤ y < 10				−39% (4.76$)	−3% (6.58$)		28.4	−4.7% (6.52$)
10 ≤ y					−20% (12.05$)	−3.6% (17.42$)	9.5	−4.9% (17.02$)
人口百分比（%）	20.7	16.9	6.9	16.5	29.4	9.6	100	
组平均	−22.83% (0.54$)	−11.74% (1.66$)	−10.51% (2.57$)	−5.7% (3.4$)	−3.9% (6.79$)	−3.6% (17.42$)		−7.7% (6.26$)

总之，财政流动矩阵和收入流失矩阵提供了其他方法和技术所不具备的信息，其不仅能计算有多少穷人发生了收入流失，而且还能给出具体的收入流失数量。

（二）减贫效率

本节主要分析政府转移支付的减贫效率。这里需要对收入定义做一下调整，我们把市场收入减去家庭上交给政府相关部门的税费和杂费后的收入称为净市场收入①，净市场收入加上政府转移支付收入则为家庭可支配收入。减贫效率的一个定义是净市场收入与可支配收入的基尼系数（或者贫困人头率）之差再除以转移支付总额占全部可支配收入总额之比，表5汇报的是转移支付在该定义上的减贫效率。表5结果显示，政府转移支付的再分配效率指数为1.23。随着贫困线标准的提高，政府转移支付的减贫效率指数逐步下降，比如在贫困线为每天1$PPP时，政府转移支付的减贫效率指数为5.52，而当贫困线设定为每天2.5$PPP时，政府转移支付减贫效率指数急剧下降为1.76，下降了2倍多，这

---

① 严格意义上的净市场收入应等于市场收入减去家庭上交给政府相关部门的税费和杂费，再减去家庭的社会保障缴费（在基准分析中不包括养老保险缴费）。CHARLS调查中只提供了主要受访者及配偶的社保缴费信息并没有提供家庭全部人员的社会保障缴费的信息，为此这里的净市场收入定义为市场收入减去家庭上交给政府相关部门的税费和杂费后的收入，即便我们把不完全意义上的家庭社保缴费从市场收入中减去，分析结果也基本相同。

同时说明政府补助标准较低，相对而言只在重度贫困的缓解问题上发挥了较大作用。

表5 不平等和贫困下降及效率

基尼系数	−3.12%
效率指数	1.23
贫困人头（1$PPP）	−13.99%
效率指数	5.52
贫困人头（1.25$PPP）	−10.39%
效率指数	4.09
贫困人头（2$PPP）	−6.48%
效率指数	2.56
贫困人头（2.5$PPP）	−4.47%
效率指数	1.76

反映减贫效率另外的指数包括垂直支出效率、减贫效率、溢出指数及贫困缺口效率。表6汇报了基于贫困的这些指数的计算数值。在贫困线为每天2.5$PPP时，对垂直支出减贫效率而言，54.6%的政府转移支付流向了在转移支付前为贫困的家庭，溢出达到13.9%，这意味着转移支付总量超过了必须严格达到贫困线时的转移支付数量，这些结果与贫困线较低的每天1$PPP相比，我们发现转移支付并没有严格瞄准最贫困的家庭，只有近30%的政府转移支付到达了转移支付前最为贫困的家庭。

表6 减贫效率及效率指数

	垂直支出效率	溢出	减贫效率	贫困缺口效率
贫困线：1$PPP				
可支配收入	0.297	0.385	0.182	0.2174
失业补助	0.418	0.979	0.008	0.0000
无保障老人补助	0.538	0.349	0.350	0.0106
工伤补助	0.240	0.596	0.097	0.0012
独生子女老年补助	0.265	0.218	0.207	0.0036

	垂直支出效率	溢出	减贫效率	贫困缺口效率
医疗救助	0.037	0	0.037	0.0005
给个人其他补助	0.301	0.411	0.177	0.0324
低保	0.411	0.301	0.287	0.0616
退耕还林	0.368	0.303	0.256	0.0257
农业补助	0.213	0.128	0.183	0.0860
五保户补助	0.503	0.398	0.302	0.0158
特困户补助	0.331	0.594	0.134	0.0009
工伤人员亲属补助	0.017	0	0.017	0.0001
给家庭其他补助	0.287	0.469	0.152	0.0085
贫困线：2.5$PPP				
可支配收入	0.546	0.139	0.470	0.1041
失业补助	0.418	0.154	0.353	0.0004
无保障老人补助	0.792	0.087	0.722	0.0040
工伤补助	0.386	0.019	0.379	0.0009
独生子女老年补助	0.568	0.287	0.405	0.0013
医疗救助	0.097	0.046	0.093	0.0002
给个人其他补助	0.555	0.131	0.482	0.0164
低保	0.665	0.091	0.604	0.0240
退耕还林	0.593	0.072	0.549	0.0102
农业补助	0.479	0.049	0.455	0.0398
五保户补助	0.805	0.078	0.742	0.0072
特困户补助	0.621	0.041	0.596	0.0008
工伤人员亲属补助	0.179	0.429	0.102	0.0001
给家庭其他补助	0.493	0.100	0.444	0.0046

从政府转移支付的各种类看，相对于医疗救助及工伤人员亲属补助等政府转移支付而言，五保户补助、无保障老人补助、低保、特困户补助及退耕还林补助这些种类的政府转移支付对贫困的瞄准较好，其减贫效率相对较高，溢出效应也相对较小。如同"撒胡椒面"似的农业补助，其溢出效应虽然不高，但其对贫困家庭的瞄准有偏离，垂直支出效率在50%以下，其减贫效率也较低，减贫效率

指数同样在50%以下。各种公共转移支付减贫效果有所不同的原因可能在于：有些转移支付并不瞄准贫困家庭或者说有些转移支付的出发点并非减贫，比如农业补助，并不是土地面积较小的以种植业作为主要经济来源的农户得到较多此类公共转移支付，反而是粮食播种面积较大的经济比较富裕的种粮大户能得到更多此类转移支付。反观以反贫困为目的的转移支付，其减贫效果就相应的突出一些，比如，五保户补助、低保、特困户补助，这些转移支付的集中系数为负，表现出了亲穷人的特征，且这些转移支付的减贫效率也较高。当然，我们也应该看到，即使是瞄准穷人的转移支付，其减贫效果也不是十分理想，这可能是由于五保户补助、低保、特困户补助等此类转移支付存在漏损所致，即非贫困人口享用了此类公共转移支付，救助资格的确定具有"人情保障""关系保障"的特征，不能对真正的贫困群体进行有效扶持，而且这些种类转移支付自上而下的名额配给制度使贫困进入和退出的动态监测受阻，影响了转移支付效率的提高。

为提高政府转移支付再分配效率及反贫困的能力，以便政府转移支付目标瞄准更精确，需要考虑把某些特殊类型的家庭纳入转移支付内（或排除在转移支付之外），为此，文章考察了转移支付前贫困的决定因素与转移支付后贫困的决定因素的异同。我们建立了以每天2.5PPP[①] 衡量的转移支付前贫困可能发生概率的 Probit 回归模型，以及在转移支付前为贫困的条件下，转移支付后贫困可能发生概率的条件 Probit 回归模型。因为本文的分析单位为家庭，而 CHARLS 调查没有涉及户主方面的信息，所以我们定义了一个虚拟的"户主"（Buly and Roger，2009），即把家庭中的主要受访者视为户主。

回归结果正如预期的那样，相对于西部地区而言，居住在东部、中部、东北省份的家庭参与非农工作的机会较多，市场收入水平也相应较高，其贫困的发生概率下降（中部统计不显著）；随着户主年龄的上升，家庭陷入贫困的概率显著增加；相比于户主为小学毕业及以下程度而言，教育程度较高者发生贫困的概率显著下降；与他雇工作类型相比，户主工作类型为自雇（户主主要从事农业生产）或为其他工作类型的家庭贫困发生的概率较高，而户主工作类型为退休（农民没有退休工作类型），其发生的概率下降，这可能是户主退休前在正规部门工作，其不菲的退休金帮助家庭远离贫困所致；由于少年儿童抚养比提高会影响到家庭劳动力进入市场的广度和深度，进而会给家庭贫困带来正向推动。从条件Probit 模型回归结果来看：居住在东部的家庭比居住在西部的贫困家庭在转移支

---

① 每天 1\$PPP、2\$PPP 贫困线标准的 Probit 回归结果大致相同，不再赘述。

付后陷入贫困的概率下降；在转移支付前，与户主他雇家庭相比，户主为自雇的家庭更易陷入贫困，但是这些在财政政策前户主自雇以及户主工作为其他类型的贫困家庭，在财政政策后则更易脱离贫困；相比于儿童数量少的贫困家庭，儿童数量多的家庭即使在财政政策后依然保持贫困；户主在婚家庭比户主非在婚贫困家庭在财政政策后更易保持贫困。据此可知，如果要提高转移支付的再分配效率，那些具有特定属性的家庭就应该纳入转移支付范围之内（或排除在转移支付政策之外）。

四、敏感性分析

把养老金划入政府转移支付中时，不平等下降的程度更大，转移支付和税费前的基尼系数为 0.5739，而转移支付和税费后的基尼系数下降到 0.5428，下降了 5.4%。而且，转移支付和税费后的收入分布洛伦兹曲线占优于转移支付和税费前的收入分布的趋势更明显（图略）。贫困也比基准性分析下降得更多，比如以每天 \$1PPP、\$2PPP 国际贫困线标准衡量，贫困人头率分别下降了 30.3%、18.1%。

税费的 Kakwani 指数仍为负值，表现出了累退特性。而转移支付的卡瓦尼指数仍为正值，转移支付则表现出了累进特征。转移支付和税费后相对于转移支付和税费前的 Reynolds-Smolensky 指数仍为正值，说明转移支付和税费系统作为一个整体而言是累进的。

各个种类的转移支付集中系数符号与基准性分析结果基本相同，数值为正号表现出亲富人的政府转移支付包括农业补助、医疗救助、工伤补助、失业补助，数值为负号表现出亲穷人的政府转移支付则包括无保障老人补助、独生子女老年补助、给个人其他补助、低保、退耕还林补助、五保户补助、特困户补助、工伤人员亲属补助以及给家庭其他补助。值得注意的是养老金集中系数为负，而且其亲穷人的绝对数值只居于五保户补助、无保障老人补助之后，位列第三，这说明农村老人的养老金的减贫作用不可忽视。

匿名和非匿名财政归宿分析结果与基准性分析的结果也大致相同。由于转移支付和税费的原因，最穷的三个收入分位上的收入增长幅度最大。比如在匿名财政归宿中，第一个收入分位增长了 28.4%，第二个收入分位增长了 1.9%，第三个收入分位增长了 0.9%；而在非匿名财政归宿中，增长的比例分别为 2.2%、0.7%、0.5%。财政流动矩阵结果显示转移支付和税费后中度贫困家庭向下流动到重度贫困的比例更低，中度贫困家庭（每天1\$PPP～2\$PPP）滑入重度贫困家庭（每天1\$PPP以下）的比例为0。转移支付和税费后轻度贫困家庭向下流动到中度贫困的比例与基准性分析相差无几，轻度贫困（每天2\$PPP～2.5\$PPP）滑入中度贫困（每天1\$PPP～2\$PPP）的比例为0.69%。我们把转移支付和税费前后收入的累计分布函数进行对比发现，在贫困群体收入分布中，出现了严格的一阶占优，在每天2.5\$PPP以下时两条曲线没有出现交叉或重叠（这种趋势一直持续到每天大约7\$PPP为止，在每天7\$PPP以上时，两条曲线几近重合），转移支付和税费前曲线一直在转移支付和税费后曲线上部，这说明把养老金划入政府转移支付时，穷人在转移支付和税费后福利得到了更大的改善。当然，这里需要注意的是转移支付和税费后轻度贫困家庭向下流动到中度贫困的比例虽然较小，但失去者的收入流失数量矩阵显示其收入减少的数量不容小觑，轻度贫困滑入中度贫困在财政政策前的收入为每天2.24\$，收入平均减少30%（这类贫困向下流动的收入流失结果与基准性分析结果相同）。

净市场收入与可支配收入的基尼系数（或者贫困人头率）之差再除以转移支付总额占全部可支配收入总额之比这样定义的效率指数计算结果表明，基尼系数以及以各贫困线衡量的贫困发生率下降幅度比基准分析中的更大，但政府转移支付的再分配效率指数以及减贫效率指数均比基准分析中的效率指数为低。这是由于虽然分子中的基尼系数和贫困人头率下降幅度比基准分析中的大，但分母包含养老金的政府转移支付总额占可支配收入总额的比重更大。

以包括垂直支出效率、减贫效率、溢出指数及贫困缺口效率这样定义的第二种效率指数分析结果表明，政府转移支付的瞄准目标比基准性分析中的瞄准精确了许多。比如贫困线为每天2.5\$PPP时，对垂直支出减贫效率而言，相比于基准性分析中的54.6%的政府转移支付流向了在转移支付前为贫困的家庭，敏感性分析则上升到66.7%，但敏感性分析中的溢出也同时在上升，溢出甚至达到49%，这意味着转移支付总量大大超过了必须严格达到贫困线时的转移支付数量。当贫困线为每天1\$PPP时，垂直支出减贫效率以及溢出也呈现出了与每天2.5\$PPP相同的结果。当贫困线为每天1\$PPP时，各种类的政府转移支付垂直支出效率前四位排序为：无保障老人补助、五保户补助、养老金、低保，减贫效率较高的政府转移支付有五保户补助、无保障老人补助、低保、特困户补助，溢出较高的是养老金、医疗救助，这说明农村养老金应该针对不同收入家庭设定不同的补助标准，使其符合垂直支出效率大、减贫效率高、溢出小的优化标准。

以每天2.5PPP衡量的转移支付前贫困可能发生概率的Probit回归结果与基

准性分析的结果基本相同。比如，居住在东部及东北省份相对于西部省份而言贫困下降；户主年龄上升贫困也随之上升；贫困随户主教育水平提高而下降；与他雇类型相比户主为自雇、退休及其他类型的家庭贫困发生概率较高；家庭中儿童数量越多其贫困发生概率越高。条件 Probit 回归结果与基准性分析有所不同，除居住在东部的家庭比居住在西部的贫困家庭在财政政策后陷入贫困的概率下降、儿童数量多的家庭比儿童数量少的贫困家庭更容易在财政政策后依然保持贫困这些结论与基准性分析相同外，其他结论则有一些变化。比如，在转移支付前，户主年龄较大的家庭更易陷入贫困，但是这些在财政政策前户主年龄较大的贫困家庭，在财政政策后则更易脱离贫困。这又一次说明提高转移支付再分配效率需要考虑把特定属性的家庭纳入财政政策范围之内（或排除在转移支付之外）。

五、结　　论

转移支付和税费对贫困、不平等的影响一般通过通常意义上的再分配标准指数（如基尼系数、贫困指数）来衡量，但这些标准指数具有匿名特征，无法告知谁是财政政策的受益者或受损者，而如果转移支付和税费系统使得一些贫困的个体更加贫困却又是财政归宿分析中不可或缺的部分，为此，本文利用财政流动矩阵来识别财政政策的受益者和受损者。另外，本文还研究了转移支付的反贫困效率。在经验分析中，文章首先从把养老金作为市场收入的基准分析开始，然后把养老金作为公共转移支付进行敏感性分析。基于 2011 年中国健康与养老追踪调查的基线调查数据分析结果显示：转移支付和税费系统减少了农村不平等和贫困；虽然税费表现出了累退特性，但转移支付和税费系统作为一个整体而言是累进的；尽管家庭收到了公共转移支付，由于税费的原因，脆弱性家庭滑入轻度贫困的比例为 0.28%、滑入中度贫困的比例为 0.09%，轻度贫困家庭滑入中度贫困的比例为 0.67%，中度贫困家庭滑入重度贫困的比例为 0.09%；从政府转移支付的各种类看，五保户补助、无保障老人补助、低保、特困户补助及退耕还林补助这些种类的政府转移支付对贫困的瞄准较好，其减贫效率相对较高，溢出效应也相对较小；把养老金作为公共转移支付进行敏感性分析时发现养老金亲穷人的程度较高，农业补助仍然具有亲富人的特征；另外，为提高政府转移支付再分配效率及反贫困的能力，文章还考察了转移支付前贫困的决定因素与转移支付后贫困的决定因素的异同。

相应的政策含义是：应规范农村"一事一议"筹资制度，把发展农村公益事业所需的部分费用合理地分担给农民。应继续保持诸如低保、五保补助这类针对农村贫弱人群的公共转移支付制度。农村养老金在增加补助标准的同时需考虑家庭人均收入的差异。整合归并各部门掌控的转移支付资金，建立公共转移支付面向农村贫困家庭的瞄准机制，使公共转移支付符合垂直支出效率大、减贫效率高、溢出效应小的优化标准，借此也达到公共转移支付减少贫困、不平等的再分配初衷。另外，转移支付后仍然贫困的个体是否需要更多的财政政策介入，是否会出现财政政策的弄巧成拙问题（比如劳动力工作时间下降），这也是需要注意的。

由于数据的限制本文还存在一些不足之处。首先，尽管税费使得一小部分贫困人群的收入出现了向下的流动（比如轻度贫困滑入重度贫困），但税收（费）给予贫困家庭的健康、教育、基础设施可及性的益处还无法测度。其次，由于缺少家庭全部人员社保缴费数据，家庭人均可支配收入定义与其严格意义上的定义还有差距。最后，本文没有分析个体生命期的再分配及财政支出的质量差异。这些问题将在未来数据可得时加以改善。

参考文献

［1］都阳、Albert Park：《中国的城市贫困：社会救助及其效应》，载于《经济研究》2007 年第 12 期，第 24～33 页。

［2］李实、佐藤宏和岳希明：《中国农村税赋的再分配效应 1995～2002》，载于《经济学报》2006 年第 1 期，第 140～160 页。

［3］刘穷志：《经济增长与社会公平：财政激励的理论模型与实证研究》，武汉大学出版社 2009 年版。

［4］卢盛峰、卢洪友：《政府救助能够帮助低收入群体走出贫困吗？基于 1989～2009 年 CHNS 数据的实证研究》，载于《财经研究》2013 年第 1 期，第 4～16 页。

［5］聂海峰、岳希明：《间接税归宿对城乡居民收入分配影响研究》，载于《经济学季刊》2012 年第 1 期，第 287～312 页。

［6］平新乔、梁爽等：《增值税与营业税的福利效应研究》，载于《经济研究》2009 年第 9 期，第 66～80 页。

［7］钟春平、陈三攀、徐长生：《结构变迁、要素相对价格及农户行为：农业补贴的理论模型与微观经验证据》，载于《金融研究》2013 年第 5 期，第 167～180 页。

［8］徐建炜、马光荣、李实：《个人所得税改善中国收入分配了吗？基于对 1997～2011 年微观数据的动态评估》，载于《中国社会科学》2013 年第 6 期，第 53～71 页。

［9］尹恒、徐琰超、朱虹：《1995～2002 年中国农村税费公平性评估》，载于《世界经济文汇》2009 年第 2 期，第 1～11 页。

［10］张川川、John Giles、赵耀辉：《新型农村社会养老保险政策效果评估：收入、贫困、消费、主观福利和劳动供给》，载于《经济学季刊》2015 年第 1 期，第 203 ~ 231 页。

［11］Beckerman, Wilfred, 1979, The Impact of Income Maintenance Payments on Poverty in Britain, *Economic Journal*, 89：261 – 279.

［12］Bourguignon, François, 2011, Status Quo in the Welfare Analysis of Tax Reforms, *Review of Income and Wealth*, 57（4）：603 – 621.

［13］Buly, A. Cardak and Roger Wilkins, 2009, The Determinants of Household Risky Asset Holdings：Australian Evidence on Background Risk and other Factors, *Journal of Banking & Finance*, 33：850 – 860.

［14］Chen, Shaohua and Martin Ravallion, 2010, The Developing World is Poorer than We Thought, but No Less Successful in the Fight Against Poverty, *The Quarterly Journal of Economics*, 125（4）：1577 – 1625.

［15］Fields, G. S., 2008, Income Mobility In L. Blume & S. Durlauf（Eds.）The New Palgrave Dictionary of Economics. New York, NY：Palgrave Macmillan.

［16］Immervoll, Herwig, Horacio Levy, José Ricardo Nogueira, Cathal O'Donoghue and Rozane Bezerra de Siqueira, 2009, The Impact of Brazil's Tax-Benefit System on Inequality and Poverty, Poverty, Inequality, and Policy in Latin America. Eds. Stephan Klasen, and Felicitas Nowak-Lehmann. Cambridge：Mass.：MIT Press. 271 – 302.

［17］Kakwani, N. C., 1977, Measurement of Tax Progressivity：An International Comparison, *The Economic Journal*, 87（345）：71 – 80.

［18］Lindert, Kathy, Emmanuel Skoufias and Joseph Shapiro, 2006, Redistributing Income to the Poor and Rich：Public Transfers in Latin America and the Caribbean, Working Paper.

［19］Lustig, Nora and Sean Higgins, 2013, Fiscal Incidence, Fiscal Mobility and the Poor：A New Approach, Working Paper.

［20］Lustig, Nora, Carola Pessino and John Scott, 2013, The Impact of Taxes and Social Spending on Inequality and Poverty in Argentina, Bolivia, Brazil, Mexico and Peru：An Overview, Working Paper.

［21］Lustig, Nora, 2011, Assessing Fiscal Incidence：How Do Anonymous and Nonanonymous Measures Differ, Working Paper.

［22］Musgrave, R. A., 1959, The Theory of Public Finance, McGraw-Hill, New-York.

［23］O'Donnell, O., van Doorslaer, E., Wagstaff, A. and Lindelow, M., 2008, Analyzing Health Equity Using Household Survey Data：A Guide to Techniques and Their Implementation, Washington, D. C.：World Bank.

［24］Scott, John, 2013, Redistributive Impact and Efficiency of Mexico's Fiscal System, Working Paper.

［25］Van Kerm, P., 2009, Income Mobility Profiles, *Economics Letters*, 102（2）：93 – 95.

[26] Wagstaff, A., 2012, Benefit-incidence Analysis: Are Government Health Expenditures more Pro-rich Than We Think, *Health Economics*, 21 (4): 351 – 366.

[27] Zhao, Yaohui, John Strauss and Gonghuan Yang, 2013, China Health and Retirement Longitudinal Study: 2011 – 2012 National Baseline Users' Guide, Working Paper.